COMO EU CHEGUEI ATÉ AQUI?

"O livro de Christine, *Como eu cheguei até aqui?*, é como uma conversa honesta com uma amiga e mentora. Com sua visão bíblica e seu bom humor, ela ajuda você a reconhecer os padrões e as áreas da sua vida que estão afastando você das coisas de Deus — e depois lhe mostra como você pode voltar seus olhos novamente para Ele. Como minha mentora pessoal, posso atestar a sabedoria piedosa que Christine traz — e afirmar que todos os que pegarem neste livro terão um encontro com Jesus."

— SADIE ROBERTSON HUFF, AUTORA, PALESTRANTE E FUNDADORA DE LIVE ORIGINAL.

"A busca incessante de Christine Caine de levar a esperança de Jesus para o mundo é profundamente eficaz em seu novo livro, *Como eu cheguei até aqui?* Ao fazer perguntas íntimas que o coração de todos nós conhece bem, ela aponta a alma vagante de volta para casa com compaixão e força. Agradecemos a Deus por Christine e por seu exemplo em nossas vidas como líder, ativista, professora e seguidora de Jesus. Este livro encorajará profundamente a sua vida!"

— RICH WILKERSON JR., PASTOR SÊNIOR DA VOUS CHURCH.

"Sensível. Vulnerável. Honesto. Se você chegou a um ponto em que deixou de ter esperança, deixou de sonhar ou deixou de orar — se as coisas à sua volta estão florescendo e vivas, mas dentro de você nada disso acontece, se você sente que está prestes a se partir em mil pedaços, este livro é um mapa que lhe mostra como juntar as peças novamente."

— PAULA FARIS, JORNALISTA, AUTORA E PODCASTER.

CHRISTINE CAINE

COMO EU CHEGUEI ATÉ AQUI?

ENCONTRANDO O CAMINHO DE VOLTA PARA DEUS
QUANDO TUDO PARECE PERDIDO

hagnos

COMO EU CHEGUEI ATÉ AQUI?

ENCONTRANDO O CAMINHO DE VOLTA PARA DEUS QUANDO TUDO PARECE PERDIDO

CHRISTINE CAINE

Título original: *How Did I Get Here?*
© 2021 por Caso Writing, LLC.

Publicado originalmente por Nelson Books, uma divisão da Thomas Nelson (Nashville, Tennessee, EUA), marcas comerciais registradas da HarperCollins Christian Publishing, Inc. Publicado em associação com Yates & Yates, www.yates2.com.

1ª edição: novembro de 2021

TRADUÇÃO
Markus Hediger

REVISÃO
Bruna Gomes
Francine Torres

DIAGRAMAÇÃO
Catia Soderi

CAPA
Rafael Brum

EDITOR
Aldo Menezes

COORDENADOR DE PRODUÇÃO
Mauro Terrengui

IMPRESSÃO E ACABAMENTO
Imprensa da Fé

As opiniões, as interpretações e os conceitos emitidos nesta obra são de responsabilidade da autora e não refletem necessariamente o ponto de vista da Hagnos.

Todos os direitos desta edição reservados à
EDITORA HAGNOS LTDA.
Av. Jacinto Júlio, 27
04815-160 — São Paulo, SP
Tel.: (11) 5668-5668

E-mail: hagnos@hagnos.com.br
Home page: www.hagnos.com.br

Editora associada à:

Dados Internacionais de Catalogação na Publicação (CIP)
Angélica Ilacqua CRB-8/7057

Caine, Christine.

  Como eu cheguei até aqui? Encontrando o caminho de volta para Deus quando tudo parece perdido / Christine Caine; tradução de Markus Hediger. — São Paulo: Hagnos, 2021.

  ISBN 978-65-86109-91-7

  Título original: How Did I get Here? Finding Your Way Back to God When Everything is Pulling You Away

  1. Perseverança (Teologia) 2. Vida cristã 3. Religião I. Título II. Hediger, Markus

21-5138   CDD 248.4

Índice para catálogo sistemático:
1. Perseverança (Teologia)

Ao meu querido Nick,

*Jesus é a âncora da minha alma, especialmente quando
o vento e as ondas querem me tirar do rumo, mas você
tem sido a força estabilizadora da minha vida. Gosto de
imaginá-lo como o giroscópio estabilizador do nosso barco
enquanto navegamos pelo nosso tempo nesta terra — aquela
proeza da engenharia que mantém tudo flutuando. Quantas
vezes por dia, durante todos os anos da nossa vida e do
nosso ministério juntos, você manteve tudo funcionando
e impediu que o nosso barco virasse? Você, Nick, é aquele
que mantém tudo na vertical, no rumo certo e avançando
a pleno vapor. Você é o lastro da vida da nossa família.
Por isso, e por outro milhão de razões, eu amo você.*

Por isso é preciso que prestemos maior atenção ao
que temos ouvido, para que jamais nos desviemos.

Hebreus 2:1

SUMÁRIO

Introdução: Quando eu quis tocar o sino da derrota 13

CAPÍTULO 1: Baixar (e fixar) a âncora 31

CAPÍTULO 2: Você sabe que perdeu o rumo quando

      Para de confiar e começa a controlar 45

CAPÍTULO 3: Você sabe que perdeu o rumo quando

      Para de se curar e começa a secretar 71

CAPÍTULO 4: Você sabe que perdeu o rumo quando

      Para de se perguntar e começa a vagar 89

CAPÍTULO 5: Você sabe que perdeu o rumo quando

      Para de orar e começa a falar 111

CAPÍTULO 6: Você sabe que perdeu o rumo quando

      Para de se reunir e começa a se isolar 129

CAPÍTULO 7: Você sabe que perdeu o rumo quando

Para de ter fome e começa a se empanturrar.. 149

CAPÍTULO 8: Você sabe que perdeu o rumo quando

Para de agir e começa a observar.. 167

CAPÍTULO 9: Você sabe que perdeu o rumo quando

Para de perseverar e começa a relaxar... 189

CONCLUSÃO: Soemos o sino da vitória!... 209

Agradecimentos 217

INTRODUÇÃO

QUANDO EU QUIS TOCAR
O SINO DA DERROTA

Se você quiser mudar o mundo, jamais toque
o sino.

— ALMIRANTE WILLIAM H. MCRAVEN

Durante meses, fiquei me revirando na cama. De um lado para o outro.
De frente para trás. Ajeitei o travesseiro. Achatei o travesseiro. Amontoei
cobertas. Joguei as cobertas para longe. Fixei o olhar na escuridão. Minha
mente estava presa num ciclo infinito de pensar e lutar para não pensar,
para, então, se deparar com um vazio, que rapidamente era preenchido
com lembranças — de mudanças que eu tinha previsto e de outras que
não tinha visto se aproximar, de começos que tinha conseguido controlar
e de finais que não pude evitar — de narrativas que eu queria reescrever
desesperadamente. Eu sabia que remoer os últimos anos jamais explica-
ria o sentimento de desespero que eu estava enfrentando, mas tampouco
eu conseguia me afastar daquilo que estava sentindo. Estava ansiosa para
me livrar do tumulto, do caos, do barulho — só pelo tempo suficiente
para encontrar algum tipo de paz e poder dormir. Em algum momento,
eu desistia e me levantava. Noite após noite. Em casa. Em quartos de hotel.
Em cada fuso horário.

COMO EU CHEGUEI ATÉ AQUI?

Tantas noites eu quis acordar o Nick. Para conversar. Para tentar chegar ao fundo. Mas não havia nada de novo a dizer. Ele era um marido e amigo muito fiel, e ele tinha me ouvido esmiuçar, escavar, na tentativa desesperada de desvendar o que quer que estivesse me angustiando tanto. Ele estava ciente da minha situação e orava fielmente por mim. Não fazia sentido privá-lo do seu sono. Não havia necessidade de nós dois estarmos acordados.

Essa nova estação — essa estação indesejada e nada bem-vinda — era diferente de qualquer outra estação anterior da minha vida. Eu sempre fui alguém que tinha marchado adiante. Que tinha incitado a minha fé. Que, com paixão, tinha explorado novas fronteiras. Eu sempre tinha prosperado estando na vanguarda de tudo o que Deus estivesse fazendo e para onde quer que Ele estivesse indo. Mas algo tinha mudado. Não só à minha volta. E eu não conseguia entender.

Na verdade, lá no fundo, eu sabia que o que eu mais queria não era dormir. Eu queria respostas. Mas, no momento, eu precisava mais de descanso do que de respostas — embora fosse tentador achar que respostas me dariam descanso.

Ainda assim, eu queria respostas. Minha mente precisava delas. Eu não estava acostumada a ter um sentimento constante de inquietação, de que havia algo que eu não conseguia enxergar.

Durante semanas, tentei me esgotar na academia. Sair para correr. Andar de bicicleta. Nadar. Tentei fazer qualquer coisa para sair do círculo vicioso mental que ameaçava se apoderar de mim. Tudo em vão.

Então, certa noite, Nick sugeriu que assistíssemos a um programa de TV. Para relaxar antes de dormir, ele disse. Só que ele escolheu um daqueles documentários que ele adora assistir. Eu não conseguia imaginar como aquilo me ajudaria, mas nada que eu tinha tentado até então havia funcionado — o que eu tinha a perder? O filme daquela noite mostrava os bastidores da semana mais traiçoeira que os recrutas da tropa de elite SEAL, da marinha dos Estados Unidos, tinham que suportar para concluir seu treinamento e receber a honra de tornar-se um SEAL. O desafio é conhecido como Semana Infernal. O filme cativou a atenção de Nick desde o início, mas eu demorei mais para me envolver. Se tivesse sido G.

INTRODUÇÃO

I. Jane, o filme de ação de 1997 com Demi Moore, talvez, eu teria me animado mais. Esse filme tinha uma trama cheia de suspense, um conflito tenso e, finalmente, um desfecho que me deixaria cheia de emoções vitoriosas — além de uma heroína norte-americana icônica. Jane teria me inspirado a dar uma boa surra no diabo. Admito, porém, que o filme teria me deixado mais agitada do que calma.

A escolha de Nick não era exatamente envolvente. Como qualquer documentário típico, ele era narrado. Do início ao fim. E por uma voz monótona e calmante. Larguei o celular e decidi dar uma chance ao programa. Para minha surpresa, depois de cinco minutos, meu ceticismo cedeu à curiosidade e, antes mesmo de perceber, eu estava fascinada.

Havia algo na jornada daqueles recrutas que começou a me cutucar. Durante dias, eles eram obrigados a ficar molhados, com frio e exaustos — carregar troncos de madeira sobre a cabeça, atravessar rios, saltar de helicóptero para dentro de mais água, ser enterrados sob a areia. Eles se arrastavam até a praia, só para serem puxados de volta para o mar e depois voltarem para a terra. Eles perdiam a orientação, ficavam confusos, lutavam para se concentrar. Lutavam para ficar acordados. Eram obrigados a forçar seus músculos para além dos níveis de dor até que ficassem como que adormecidos. Embora fossem alguns dos militares mais brilhantes e fisicamente preparados do planeta, eles eram desmoralizados de todas as formas possíveis e imagináveis a fim de levá-los ao ponto de ruptura mental e emocional. E o sentido era justamente esse. Era melhor desabar numa praia na Califórnia do que durante uma missão numa parte volátil do mundo.

Para tornar o treinamento ainda mais brutal, havia um sino dourado e brilhante num ponto estratégico do campo de visão daqueles recrutas. Em qualquer momento do treinamento, bastava tocá-lo três vezes, e eles estariam livres daquele suplício. Poderiam resgatar-se do treinamento mais extenuante da terra. Ninguém fazia perguntas.

Toque o sino, e você não precisa mais acordar às cinco da manhã — nem suportar noites sem sono. Toque o sino, e você não precisa mais enfrentar águas gélidas em completa escuridão. Toque o sino, e você não precisa mais rolar na areia nem ser um "biscoito coberto com açúcar". Toque o sino, e você pode se livrar de toda essa dor.

Em um minuto — literalmente um único minuto — eles poderiam mudar a trajetória de todo o seu destino. Bastava tocar o sino, e eles seriam transportados imediatamente do sofrimento para um banho quente, onde roupas secas e limpas e uma refeição quente os esperava. Encerrar a miséria podia ser rápido assim. Fácil assim. Eles tinham a chance de encerrar o expediente e voltar para o seu posto familiar no exército e para a sua casa e sua família — e desistir de uma vez por todas do sonho de se tornar um SEAL da marinha.

Quando assisti à sua luta cruel para negar sua condição física, para transcendê-la mentalmente, para vencer obstáculos intencionais e insuperáveis, senti vontade de tocar o sino para eles.

E para mim.

No mesmo instante em que percebi isso, a tempestade emocional dentro de mim começou a rugir. Até então, eu não sabia descrever a angústia implacável no meu coração e na minha mente. Coloquei a mão no peito, tentando me acalmar. Os sentimentos que vinham me assediando, aproximando-se cada vez mais até eu sentir que eles estavam saltando em mim quando eu menos esperava, me surpreenderam mais uma vez — e me deixaram profundamente conturbada.

Quando sou surpreendida, emerge toda uma gama de emoções com as quais nunca soube lidar muito bem. Acontece mesmo quando se trata de uma surpresa boa, como uma festa de aniversário. Por alguma razão, essas são as piores. Já me disseram que isso provém de sentimentos e fragmentos do trauma causado pelo abandono e abuso que sofri na minha infância, mas basta dizer que gosto do conhecido. Não gosto do desconhecido.

Esses sentimentos conturbados, esse assédio de ansiedade, tinha sido um desconhecido. Algo a ser explorado ou desvendado. Mas quando vi aqueles recrutas tocar o sino, um após o outro, comecei a entender, pelo menos em parte. Algo tinha se revelado. Algo tinha levantado a cabeça e olhado para mim — e eu tinha vislumbrado aquilo.

Eu me virei para Nick, incapaz de impedir as lágrimas.

"Acho que estou começando a entender os dois últimos anos. Sinto-me como se tivesse saltado de um helicóptero e sido largada na água fria, e tenho passado seis horas ali, mas sou obrigada a aguentar por oito. Meu cérebro sabe que consigo continuar. Meu coração sabe que consigo continuar. Sei que consigo sobreviver por mais duas horas naquela água gelada. Sei que isso não vai me matar. Tenho vivido o bastante para saber que Jesus me sustentará. Fui treinada, estou fisicamente preparada, sou chamada por Deus, tenho a capacidade. Sei o que devo fazer para continuar e, pela primeira vez na minha vida de ministério, não sei se quero. Literalmente, não sei se quero continuar. Acho que quero tocar o sino."

Alguma vez, você já disse algo e sentiu o ar sair de seus pulmões com a última sílaba de suas palavras? Foi o que aconteceu comigo. Dar um nome à angústia que tinha me rondado por meses me estremeceu em meu âmago como nada que eu já tinha experienciado. Aquilo me assustou como nada que eu já tinha vivenciado. Eu já tinha passado por momentos na minha vida em que quis desistir — temporariamente. Momentos em que me senti profundamente traída, profundamente desiludida, profundamente magoada, profundamente decepcionada, profundamente imperfeita, profundamente deturpada, profundamente desencorajada, profundamente incompreendida. Mas nunca me choquei contra um muro que me levou a pensar: Não sei se realmente quero continuar.

Eu não conseguia esconder meu choque. E fiquei pensando: como eu cheguei até aqui?

MAS TUDO ESTAVA FLORESCENDO

Eu pensava que era forte, porque eu sempre tinha sido forte. Por mais de trinta anos, eu tinha buscado Jesus com paixão, indo com grande gratidão e dedicação para onde quer que Ele me guiasse. Eu nunca me esqueci de como havia sido a minha vida antes de Ele me encontrar, nem de tudo o que Ele tinha feito por mim nos anos desde então. Mas não se engane, tinha sido uma jornada custosa — mental, emocional, física, pessoal e espiritualmente.

COMO EU CHEGUEI ATÉ AQUI?

- Foi custoso quando minha família não entendeu minha decisão de entregar minha vida a Jesus.
- Foi custoso quando tive que me despedir de alguns relacionamentos para seguir Jesus.
- Foi custoso quando abandonei uma carreira em ascensão para seguir o chamado para o ministério.
- Foi custoso quando eu era a única líder mulher num contexto de ministério.
- Foi custoso quando eu tinha um sonho enorme e poucos recursos.
- Foi custoso quando senti que estava totalmente sozinha.
- Foi custoso quando era solteira e todo mundo que eu conhecia era casado.
- Foi custoso quando Nick e eu nos casamos e mal conseguíamos pagar as contas.
- Foi custoso quando tivemos um filho, perdemos outro filho e depois tivemos mais um.
- Foi custoso quando viajávamos às nações para pregar o evangelho e vivíamos longe de casa e das raízes por semanas.
- Foi custoso quando nos mudamos de um continente para outro.
- Foi custoso quando decidimos lançar uma organização antitráfico global, a A21.
- Foi custoso quando lançamos uma iniciativa de liderança para mulheres, a Propel Women.
- Foi custoso quando eu disse sim a um programa de TV que alcançaria o mundo, o *Equip & Empower*.

Tudo isso nos custou mais do que tínhamos esperado, mas o fruto nos deixou perplexos. Deus tinha superado todas as nossas esperanças e expectativas. Ele tinha sido tão gracioso, tão fiel, tão bondoso conosco! Quando celebramos 21 anos de casamento e ministério, tudo estava florescendo — tudo, menos eu.

INTRODUÇÃO

Eu deveria estar no topo do mundo, mas não estava. Deveria estar desfrutando do fruto do meu trabalho, mas não estava. Deveria estar cheia de paz e alegria, mas não estava. Deveria estar cheia de visões para o futuro, mas não estava. Algo estava errado, e, até aquela noite, eu não conseguia saber exatamente o que era.

Eu estava grata por ter recebido um vislumbre de clareza, mesmo que a partir de um documentário, mas agora que tinha como dar algum nome aos meus sentimentos, eu estava desesperada para entendê-los melhor. A percepção de que eu não tinha certeza de querer aquilo que sempre quis do jeito que queria me deixou perplexa. Eu realmente sentia que aquilo que sempre tinha valido a pena de repente não valia mais? Eu realmente estava questionando se queria continuar seguindo Jesus para onde quer que Ele me conduzisse? Certamente não, mas eu definitivamente estava num lugar em que nunca tinha me imaginado.

Eu não sabia se queria continuar a insistir e avançar. Se queria tentar alcançar a próxima coisa. Se queria buscar a aventura da qual sempre tinha corrido atrás. Não era uma crise de fé; ao contrário, era a percepção sóbria de que, se eu continuasse, isso provavelmente significaria mais sacrifício, mais dor, mais aflição, mais exposição, mais vulnerabilidade, mais ataques — mesmo que tudo isso trouxesse também mais frutos.

Valia a pena continuar no curso que Jesus tinha traçado para mim — pois Ele era digno de minha perseverança —, mas, em algum ponto, eu tinha me afastado dessa visão e me perdido em meus sentimentos. E meus sentimentos estavam clamando para que eu tocasse o sino. Isto é, eu sabia que conseguiria continuar agindo mecanicamente e que ninguém saberia que eu não estava mais insistindo com

> **Eu me encontrava num lugar em que preferia me refugiar a conquistar território.**

a mesma intensidade nem grudando tanto em Jesus como antigamente, sempre disposta a assumir riscos. Eu poderia ser igual ao recruta que toca o sino e não se torna um SEAL, mas ainda assim continua no exército. Ainda assim como um dos mais fortes e corajosos. Ainda assim honrável e responsável, servindo ao seu país. Ninguém saberia que eu tinha tocado o sino. Exceto Jesus. E Ele saber disso importava mais do que qualquer outra coisa.

Talvez o meu estado atribulado se devesse a todos aqueles anos na linha de frente. Na vanguarda. Ousando ir para onde ninguém estava indo. Em constante batalha espiritual. Talvez o meu estado se devesse a sempre correr a todo vapor. Ou a sentir-me exposta, sensível, vulnerável e, às vezes, um alvo fácil. Talvez fosse causado pelo fracasso de um projeto no qual eu tinha investido meu coração e minha alma. Talvez se devesse ao fato de eu ter sido afetada pela perda da minha mãe e de três outros membros da família no ano anterior. Talvez a perda de intimidade quando desisti de algumas amizades que eu prezava, amizades que tinham rompido, tivesse me deixado ferida e incompreendida, talvez até estafada. Tinha sido uma estação de perdas enormes em diversos níveis.

Mas todos nós lidamos com combinações de golpes. Todos nós perdemos entes queridos. Todos nós ficamos cansados em nosso chamado e na nossa carreira. Todos nós vivenciamos decepções e lutamos com a desilusão. Todos nós queremos largar tudo de vez em quando. Ou não?

Para dizer a verdade, eu perdi a conta do número de vezes em que pensei em largar tudo e abrir um pequeno café em Santorini, na Grécia. Só Nick, eu e nossas garotas, escondidos no meu cantinho preferido do mundo. Você não consegue me imaginar sugerindo mais um café para acompanhar nosso baclava? Imagino que todos nós nos refugiamos em nosso esconderijo na mente. Na vida que poderíamos ter tido, mas nunca teremos. Porque, lá no fundo, nós amamos Jesus e seus planos ainda mais.

Dessa vez, porém, em vez de me permitir que fosse para aquele lugar, eu dei meia-volta e encarei a jornada à minha frente — uma jornada que eu jamais teria esperado. Eu me encontrava num lugar em que preferia me refugiar a conquistar território. Em que não sentia ter a força, a coragem e a confiança para continuar. No entanto, ao mesmo tempo, eu sabia que continuaria. Jesus sempre tinha sido a âncora da minha alma, por isso eu encontraria o que eu precisava onde sempre encontrei — nele.

INTRODUÇÃO

PRESTE ATENÇÃO

Ele não decepcionou. Ele não me abandonou nem me deixou sem ajuda. Ele nunca fez isso. E nunca fará. Certa tarde, alguns dias depois, enquanto estava lendo o livro de Hebreus, palavras que eu já tinha lido muitas vezes pareciam saltar da página.

> Por isso é preciso que *prestemos maior atenção* ao que temos ouvido, *para que jamais nos desviemos*. Porque, se a mensagem transmitida por anjos provou a sua firmeza e toda transgressão e desobediência recebeu a devida punição, como escaparemos, se negligenciarmos tão grande salvação? Essa salvação, primeiramente anunciada pelo Senhor, foi-nos confirmada pelos que a ouviram. Deus também deu testemunho dela por meio de sinais, maravilhas, diversos milagres e dons do Espírito Santo distribuídos de acordo com a sua vontade. (Hebreus 2:1-4, grifos meus)

Prestar maior atenção.

Para que jamais nos desviemos.

De repente, tive um pensamento: talvez tenha sido por isso que eu quis tocar o sino. Será que deixei de prestar atenção? Se sim, em quê? Eu me desviei? Se sim, de quê?

"Preste atenção, preste muito mais atenção." Eu tinha ouvido palavras de alerta como essas antes. Durante toda a minha infância. Aprendi a falar grego muito antes de falar inglês, e minha mãe sempre conversou conosco em grego. Quando realmente queria transmitir uma mensagem para mim e meus dois irmãos, ela costumava usar as mesmas palavras do autor de Hebreus: *perissoteros prosechein*. Quando dizia essas palavras, ela estava nos dizendo que deveríamos ser cuidadosos e especialmente atentos. O tom de sua voz era urgente, sério, instrutivo e exigia que nos concentrássemos — especialmente quando ela estava compartilhando algo essencial ao nosso bem-estar, como quando nos ensinou a olhar para os dois lados antes de correr atrás de uma bola que foi parar na rua. Ou quando queria que ficássemos sentados num banco e seguros enquanto ela resolvia algo num banco ou numa loja.

Perissoteros prosechein.

Ela dizia isso quando aprendíamos a andar de bicicleta. Quando íamos a pé para a escola. Quando corríamos pela vizinhança até a casa de um amigo.

Perissoteros prosechein.

"Prestem a maior atenção", minha mãe dizia.

"Prestem maior atenção", disse o autor de Hebreus.

Por que prestar a maior atenção? *Para que não nos desviemos.* É como se o autor soubesse que, quanto mais familiarizados ficássemos, menos atenção prestaríamos — em Deus, em seus caminhos. Quanto mais aprendêssemos, mais teríamos aquilo como certo — e mais deixaríamos de perceber a maravilha da nossa salvação.

Prestem maior atenção.

Para que não se desviem.

É TÃO FÁCIL DESVIAR-SE

Eu sei o que é desviar-se. Meu pai tinha infundido os perigos disso em mim quando eu ainda era criança. Todos os anos, ele e mamãe levavam seus filhos numa viagem anual para Umina Beach, a apenas uma hora de carro ao norte de Sidney, onde morávamos. Era um refúgio maravilhoso, e nossa expectativa de ir para lá era sempre grande, mas sempre parecíamos ir quando os pelicanos eram mais numerosos do que os nadadores. Isso significava que era absolutamente garantido que pegaríamos comichão do nadador quando entrássemos na água — por isso, mamãe sempre levava a loção de calamina. Parece ser algo nojento, e se você buscar imagens no

INTRODUÇÃO

Google, sua aparência realmente é nojenta, mas, fora a irritação de pele dos pés à cabeça e a coceira, é inofensivo.

As férias de verão significavam também nadar contra uma forte contracorrente. Sabendo que poderíamos ser arrastados para o mar, nosso pai nos instruía todos os anos sobre os perigos da contracorrente e sobre o que deveríamos fazer se percebêssemos que estávamos sendo puxados para baixo ou para longe da praia.

Então, uma vez que estivéssemos na praia, nosso pai tinha uma rotina para nos manter seguros. Ele montava um guarda-sol na areia — sempre de cores tão vívidas que eu tinha certeza de que todos na praia sabiam que nós éramos gregos. Outras famílias tinham guarda-sóis bonitos ou de cores sóbrias, mas o nosso sempre parecia brilhar mais do que o sol e proclamar em alta voz o nosso legado vivaz. Não havia como esconder o clã dos Caryofyllis. Depois de montar o guarda-sol, papai descia um pouco pela praia e fazia uma bandeira com uma vara e uma toalha de praia de cores igualmente brilhantes, fincando-a na areia. Não havia como ignorar a arte do papai, mesmo de dentro da água. Mas era justamente esse o objetivo. Antes de permitir que mergulhássemos nas ondas, ele nos reunia e nos passava suas instruções.

Ainda hoje, posso ouvi-lo dizer: "A contracorrente está realmente muito forte hoje, então, quando estiverem lá fora na água, quero que, de vez em quando, vocês levantem os olhos e verifiquem seus marcadores. Aqui está o guarda-sol e lá está a toalha. Fiquem entre os dois. Se virem que estão fora dos marcadores, nadem até a praia e voltem andando. Se levantarem os olhos de vez em quando e verificarem os marcadores, vocês ficarão bem".

> Não existe nenhum aspecto em nossa vida que seja imune a desvios e nenhuma pessoa que não seja propensa a se desviar.

Meu pai sabia como era fácil desviar-se. Ele também sabia que havia um perigo ainda maior se o fizéssemos.

Não importava se nós éramos ótimos nadadores, não importava quão confiantes e fortes éramos e quão bem conhecíamos o mar e suas correntes. Se nos desviássemos demais, a morte por afogamento era uma ameaça real.

Como diz o velho ditado: "São os nadadores fortes que se afogam". Papai sabia muito bem o que esse ditado significava: aqueles que acham que jamais se afogariam, que jamais poderiam se afogar, que são os menos propensos a se afogar, são aqueles que realmente se afogam. Aqueles que acreditam que são blindados contra o poder da água e que assumem riscos que um iniciante jamais assumiria são mais propensos a morrer. E uma vez que começam a se afogar, são como todos os outros, impotentes para sobreviver. Não importa quão preparados possam estar fisicamente, eles não têm controle sobre suas ações. Não conseguem parar de se afogar nem de executar movimentos voluntários, como usar o braço para pedir ajuda, nadar em direção do resgatador ou estender o braço para se agarrar a uma boia salva-vidas. Por causa disso, a morte por afogamento é quase sempre enganosamente silenciosa.[1]

Assim como o desviar-se. Papai sabia que um podia levar ao outro, por isso fazia de tudo para impedir que nós nos desviássemos.

O autor de Hebreus fez o mesmo.

Prestem maior atenção.

Para que não se desviem.

O autor estava se dirigindo a todos nós, sabendo que qualquer um de nós, em qualquer fase da vida, pode acabar se encontrando num lugar em que nunca pretendíamos estar.

Quando começamos a nos desviar em qualquer área da nossa vida, isso acontece de forma sutil. É praticamente imperceptível. Praticamente indetectável. Não é um passo deliberado que tomamos, mas uma derrapada gradual. Talvez ocorra quando fizermos pequenos acordos ou concessões. Nós não nos desviamos porque não somos fortes ou porque não

---

1 Keith Scott-Mumby, "Two Thirds of People Who Drown Are Strong Swimmers", Dr. Keith Scott-Mumby: The Alternative Doctor, https://alternative-doctor.com/news-stuff/two-thirds-of-people-who-drown-are-strong-swimmers/.

INTRODUÇÃO

caminhamos com Cristo por muitos anos. Simplesmente acontece. Mas uma vez que acontece, se não levantarmos os olhos e verificarmos nossos marcadores, seremos levado a lugares aos quais nunca queríamos ir — emocional, física, relacional ou espiritualmente. Não existe nenhum aspecto em nossa vida que seja imune a desvios e nenhuma pessoa que não seja propensa a se desviar.

A CORRENTE DO NOSSO TEMPO

Meu pai fez tudo o que pôde para preparar seus filhos. Eu me lembro de ele nos dizer o que deveríamos fazer caso fôssemos arrastados por uma corrente, começássemos a nadar em direção à praia, mas ficássemos cansados demais para continuar: "Boiem. Poupem suas forças. Não lutem. E saibam que eu estou de olho. Encontrarei um jeito de chegar até vocês". Eu acreditei nele. Eu sempre sabia que ele estaria pronto para nos resgatar, preparado para fazer o necessário para nos alcançar.

Será que o nosso Pai celestial não está igualmente ansioso para nos ajudar quando nos desviamos espiritualmente? Ele está sempre de olho. Sempre pronto. Sempre querendo nos levar de onde estamos para onde devemos estar. Era isso que o autor de Hebreus estava inspirado a nos ajudar a entender. Ele estava escrevendo aos cristãos dos seus dias, a cristãos que tinham se convertido do judaísmo e que estavam sendo tentados a se desviar e voltar para o seu antigo sistema de crenças. A corrente do seu tempo os estava arrastando para longe da verdade do evangelho. Roma tinha sido incendiada, e Nero, o imperador, era cruel, desviando a culpa de si mesmo para os cristãos. Por causa das acusações de Nero, os cristãos estavam sofrendo perseguição, pressão e problemas intransponíveis. Estavam perdendo seus bens, sendo banidos de suas comunidades e até se tornando mártires. Era um tempo de grande luta e tristeza. Como os cristãos primitivos podiam não ser tentados a voltar para a aparente segurança da adoração no templo? Lá eles seriam aceitos, e não marginalizados. Estariam confortáveis, e não condenados ao ostracismo. Não seriam atacados simplesmente por serem cristãos.

Isso não se parece com os dias e com a era em que estamos vivendo, em que tudo é caótico, volátil e imprevisível? Em que tudo que era certo parece tão incerto? Em que tudo que pode ser abalado está sendo abalado? Desde política e governo até moralidade, desde normalidade até valores e crenças, desde certo e errado até verdade e fatos — tudo parece estar mudando. Nós nos esforçamos tanto para sermos amorosos e graciosos, inclusivos e não exclusivos, bondosos e gentis, continuando, ao mesmo tempo, absolutamente obedientes à Palavra de Deus, mas não é fácil. Não é fácil se destacar. Seria muito mais confortável se misturar à multidão. Não surpreende, portanto, que o autor de Hebreus iniciou sua mensagem no capítulo 1 dizendo:

> Pois a qual dos anjos Deus alguma vez disse: "Tu és meu Filho; eu hoje te gerei"? E outra vez: "Eu serei seu Pai, e ele será meu Filho"? E ainda, quando Deus introduz o Primogênito no mundo, diz: "Todos os anjos de Deus o adorem". Quanto aos anjos, ele diz: "Ele faz dos seus anjos ventos, e dos seus servos, clarões reluzentes". Mas a respeito do Filho, diz: "O teu trono, ó Deus, subsiste para todo o sempre; cetro de equidade é o cetro do teu Reino. Amas a justiça e odeias a iniquidade; por isso Deus, o teu Deus, escolheu-te dentre os teus companheiros, ungindo-te com óleo de alegria". (v. 5-9)

O que o autor pretendia dizer? Qual era seu foco? Qual era sua ênfase? A soberania indisputada, incontestada, inequívoca e total de Jesus, que é maior do que todos os anjos. Maior do que toda a criação. Maior do que qualquer inimigo. Maior até, ouso dizer, do que os tempos em que vivemos.

Então, no capítulo 2, o autor encorajou os primeiros cristãos a continuar, a despeito da tentação de ceder e desistir: "Por isso é preciso que prestemos maior atenção ao que temos ouvido, para que jamais nos desviemos. [...] como escaparemos, se negligenciarmos tão grande salvação?" (v. 1, 3).

INTRODUÇÃO

Para nós, é fácil continuarmos indo à igreja, continuarmos frequentando estudos bíblicos, continuarmos liderando pequenos grupos, continuarmos adorando e orando, continuarmos declarando pela fé — e estarmos nos desviando ao mesmo tempo. Não se esqueçam: o autor de Hebreus estava falando a seguidores de Jesus. A pessoas como você e eu. Ele sabia que podemos estar negligenciando uma coisa simplesmente por estarmos prestando atenção em outra. Que, aos olhos de todos, podemos parecer estar avançando quando, na verdade, estamos nos desviando.

- Podemos estar trabalhando diligentemente na nossa educação — e estar nos desviando.
- Podemos estar subindo na escada corporativa — e estar nos desviando.
- Podemos estar fundando uma empresa — e estar nos desviando.
- Podemos estar criando filhos fortes — e estar nos desviando.
- Podemos estar construindo uma organização não governamental com uma causa digna — e estar nos desviando.
- Podemos estar salvando vidas num hospital — e estar nos desviando.
- Podemos estar frequentando fielmente a nossa igreja por décadas — e estar nos desviando.
- Podemos estar servindo num ministério — e estar nos desviando.
- Podemos estar alcançando multidões para Cristo — e, ainda assim, estar nos desviando.

Quando me vi incerta de se queria continuar, eu não tinha desistido de nada. Eu ainda estava lendo a Bíblia e orando todos os dias. Ainda estava lendo livros maravilhosos, participando de conferências, ouvindo podcasts, decorando versículos bíblicos. Ainda estava conversando sobre ideias, planos e pensamentos com Nick, com amigos cristãos de confiança e com líderes respeitados. Eu estava até matriculada num programa de mestrado para evangelização e liderança com vinte outras mulheres. Eu não estava caminhando sozinha. Eu estava, no entanto, me desviando, à deriva. De alguma forma. Em algum lugar.

O que vim a entender foi isto: podemos estar fazendo todas as coisas cristãs certas, dizendo todas as palavras cristãs certas, mas, como os seguidores em Hebreus, podemos estar à deriva e nos desviando ainda mais. Talvez, porque...

- Sofremos decepção ou desilusão mais vezes do que conseguimos contar.
- Fomos traídos e nosso coração continua partido.
- Sofremos contratempo após contratempo e carecemos da força para levantar de novo.
- Fomos ignorados tantas vezes e nos sentimos excluídos e deixados para trás.
- Levamos um soco tão forte nas entranhas que não conseguimos mais respirar.
- Falhamos de alguma forma e tememos que seja definitivo.
- Nossa energia, visão, paixão ou motivação simplesmente se esgotou.
- Nós nos esquecemos da razão pela qual começamos com tudo isso.
- Nós nos distraímos ou sucumbimos a outras atrações.

É fácil desviar-se. Parar de acreditar em Deus em meio a toda nossa crença é ainda mais fácil do que supomos ser. Continuar declarando verdades doutrinais, ao mesmo tempo em que permitimos que uma descrença mortal se aloje em nosso coração, levando-nos para um lugar em que não temos certeza sobre o futuro. Sem disposição para abraçá-lo. Sem capacidade de avançar.

INTRODUÇÃO

CONTINUEMOS JUNTOS

Se você tivesse me dito alguns anos atrás que, em algum dia não muito distante, eu me encontraria num lugar em que não tivesse certeza se desejava continuar, eu não teria sido capaz de compreender como isso poderia ser possível. Durante anos, trabalhei arduamente para ser forte espiritual, mental e fisicamente. Mas o que percebi recentemente é que, às vezes, a vida acontece mais rápido do que conseguimos correr a nossa corrida. Não podemos controlar tudo o que acontece conosco e à nossa volta. Não podemos controlar as decisões que os outros tomam e que nos afetam profundamente. Mesmo que tenhamos caminhado com Cristo por anos e permitido que ele fizesse um trabalho profundo de cura dentro de nós, ainda assim podemos nos encontrar num lugar em que nunca imaginaríamos estar. Num lugar em que jamais queríamos estar. Num lugar em que queríamos tocar o sino.

Se você estiver num lugar parecido em qualquer área de sua vida, tenho uma boa notícia para você. Você não está num treinamento dos SEAL. Isso não é a Semana Infernal. Isso é o reino de Deus, onde abundam a graça e a verdade (Romanos 5:20). Onde suas misericórdias são novas todas as manhãs (Lamentações 3:22-23). Onde sempre há um caminho adiante.

Você não é um fracasso por querer tocar o sino. Deus ama você. Deus é por você. E Ele está agindo em todas as coisas para o seu bem e para glória dele (Romanos 8:28). Ele tem uma esperança e um plano para o seu futuro (Jeremias 29:11). Você não precisa mostrar desempenho para receber seu amor e sua aceitação (Romanos 3:24-26). E o melhor de tudo, você não precisa descobrir sozinho como sair do lugar para o qual se desviou. Já que estive ali, eu quero ajudar você.

Quando me vi tentada a desistir de me dedicar completamente, Deus nunca me abandonou. Ele simplesmente continuou a me orientar. A me ajudar. A me fortalecer para que eu não tocasse aquele sino. O que ele me mostrou me capacitou a parar de ficar à deriva e de começar a florescer de novo. O que ele me mostrou me capacitou a continuar e a continuar crescendo. A permanecer focada, cumprindo todo o propósito que Ele colocou dentro de mim, buscando tudo o que Ele me chamou a fazer. Eu não descobri todas as respostas, mas, em retrospectiva, vendo como Deus me empurrou adiante, fiz o melhor possível para captar os *insights* e o entendimento que Ele me deu para que eu pudesse repassá-los para você.

Embora eu tenha aprendido que prestar atenção era o antídoto para o meu desvio, mais importante ainda foi descobrir em que, exatamente, devemos prestar atenção e como devemos prestar atenção nisso para que não o percamos de vista novamente. Mal consigo esperar para compartilhar isso e muito mais com você ao longo das páginas deste livro. Por meio das histórias da minha própria vida e da vida de amigos que prezo, eu lhe mostrarei o que descobri sobre os lugares pelos quais todos nós vagamos de vez em quando e o lugar em que estou caminhando agora.

É um lugar novo, um lugar pacífico. Um lugar que inclui permanecer focado na missão e lançar a aventura seguinte. Um lugar em que durmo melhor do que nunca, não importa onde eu deite a minha cabeça.

1

BAIXAR (E FIXAR) A ÂNCORA

Nada nunca é nada. É sempre algo.

— CECILIA AHERN, *THE BOOK OF TOMORROW*

"Chris, baixe a âncora!", Nick gritou para mim da popa do nosso pequeno barco no mar Egeu. Estávamos passando alguns dias de férias em Santorini, na Grécia — meu lugar favorito na terra. (Sim, o mesmo lugar em que, em meus devaneios, eu pretendia abrir um pequeno café.) Era divertido estar na água e relembrar nossa lua de mel, que tínhamos passado nesse mesmo lugar mais de duas décadas atrás. Como na época, Nick tinha alugado um barco para que pudéssemos explorar a ilha e suas enseadas.

Tanto Nick quanto eu amamos andar de barco. Eu adoro sobretudo a beleza de deslizar pela água, assistir ao pôr do sol e sentir o ar salgado no meu rosto. Nick prefere aventuras mais intensas, e ele nunca se importa em se afastar tanto da costa até encontrar as rotas de navios, onde o nosso barco parece ter o tamanho de um bote salva-vidas ao lado dos enormes navios de carga. (É claro, essas excursões só me levam a orar ainda mais.)

Hoje, ele só queria pescar, o que significava que eu podia relaxar. Quando saímos da marina, fomos à procura do nosso pequeno recife favorito com sua pequena lagoa isolada. Era o lugar perfeito para baixar a âncora. Sempre que fazemos um passeio de barco, Nick costuma pescar, enquanto eu fecho os olhos e absorvo o sol. Não me entenda errado; eu também adoro pescar — contanto que não tenha que tocar no peixe. (OK, eu admito: eu grito em pânico quando os peixes voam para dentro do barco.)

A verdade é que eu gosto mais da ideia de pescar do que da pesca em si, portanto, suponho que você pode dizer que meu esporte preferido é tomar banho de sol. Enquanto Nick preparava seu equipamento e lançava a linha, eu fui até a proa do barco e baixei a âncora. Então, me deitei para descansar e cochilar. Era um dia perfeito. Só nós dois e muito mar e sol.

Eu devo ter cochilado mais do que pensava, pois quando acordei, a brisa suave tinha se transformado num vento mordaz. O calor do sol na minha pele tinha se transformado num frio úmido, e o barco estava balançando demais para a nossa enseada rasa. Quando abri os olhos e me sentei, olhei em volta e vi que estávamos longe do local em que tinha caído no sono.

Como nós chegamos até aqui?

Nick estava guardando seu equipamento. "Chris, você baixou a âncora como eu lhe disse?"

"Sim, é claro", respondi. (Sempre dou o meu melhor para ser uma ótima copiloto!)

"Mas você a fixou? A corrente nos levou para bem longe da costa".

"Se eu fiz o quê? Do que é que você está falando? Você pediu que eu baixasse a âncora, e foi o que fiz. Você não me mandou fazer nada além disso", eu disse em defesa dos meus conhecimentos em náutica.

"Chris, se você não garante que a âncora está presa no fundo do mar, na verdade, não estamos ancorados."

Bem, ninguém me falou dessa parte da equação.

Segurando-me na lateral do barco com ondas cada vez maiores à espreita, eu estimei que devíamos ter nos afastado da costa mais de um quilômetro e meio — estávamos no meio da rota dos navios, só que, dessa vez, não pela aventura. Aparentemente, Nick tinha interrompido sua pesca para também cochilar um pouco — e nenhum de nós tinha percebido que estávamos sendo levados para águas perigosas, longe da segurança da nossa pequena e calma enseada. Vi que, atrás dos navios ameaçadores próximos, uma tempestade estava se formando à distância e se aproximava de nós. Com certeza teríamos de fugir dela. Nada disso era o que eu tinha imaginado para o nosso dia.

Enquanto eu me segurava, Nick começou a conduzir nosso pequeno barco de volta para a terra firme. Lutando contra a correnteza e as ondas, ele virava de bordo na água agitada e contra o vento feroz. O barco escalava uma onda só para cair no topo da próxima — uma após a outra — e acabei ficando enjoada. As articulações da minha mão ficaram brancas enquanto eu me agarrava cada vez mais ao corrimão para permanecer em meu lugar.

Nick, porém, não se abalou. Ele sempre tem sido um ótimo capitão, e eu sabia que, de alguma forma, conseguiríamos voltar, mas foi uma viagem árdua. Levamos tanto tempo para alcançar o porto que, quando entramos na marina, o sol já tinha se posto e as docas estavam quase desertas. Quando atracamos o barco num píer, parecia que cada músculo do meu corpo que permanecera tenso durante horas relaxou de uma só vez. Cambaleando em direção ao carro com apenas alguns postes de luz e a lua para nos guiar, refleti sobre tudo o que acabávamos de vivenciar — e sobre o que tinha causado tudo aquilo.

Nick tinha nos posicionado corretamente, apontando o barco para a brisa, quando me pediu para baixar a âncora — algo que, normalmente, ele fazia e no qual eu nunca tinha prestado muita atenção. Se eu tivesse baixado a âncora, segurado a corda e dado uma boa puxada nela enquanto o barco se afastava, teríamos estado seguros. A água era tão clara que eu, provavelmente, poderia ter visto a âncora se fixar, se tivesse ficado de olho, mas eu não entendia completamente a conexão entre baixar a âncora e ancorar: baixar a âncora passa a impressão de estabilidade, mas fixar a âncora é aquilo que realmente garante a estabilidade. Somente o segundo lhe dá segurança. O primeiro permite que você seja levado para o perigo, para onde quer que a corrente esteja indo. Ela o levará para algum lugar, para qualquer lugar — muito provavelmente para onde você não quer ir. O que aprendi no mar naquele dia foi ainda mais crucial do que eu percebia. Mais relevante do que eu jamais tinha entendido.

É tão fácil ficar à deriva.

Tudo que se precisa fazer é — nada.

A CORRENTE NUNCA PARA

O que Nick e eu vivenciamos naquele dia em Santorini foi um vislumbre do poder das correntes oceânicas de nos levar de um local para outro. As hidrovias do mundo estão sempre em movimento. Seu fluxo segue padrões complexos em torno do planeta e é afetado por muitas forças — desde a topografia do solo oceânico até a rotação da terra e as mudanças atmosféricas.[2]

Não quero transformar isso numa aula de ciências, mas desde meu tempo como aluna em Sidney, aprendi tudo sobre a corrente da Austrália oriental (EAC), que se estende desde a Grande Barreira de Coral até a costa australiana. Ela apresenta uma largura de 100 quilômetros e uma profundidade de quase um quilômetro e meio, e é impulsionada pelos ventos do Pacífico do Sul. É mais rápida no verão do que no inverno, e é tão poderosa que locomove populações inteiras de vida marítima de um mar para outro.[3]

Se você viu o filme *Procurando Nemo*, com as aventuras de Dory e Marlin, viu pelo menos a versão animada da EAC, embora ela não seja tão rápida quanto a Pixar a faz parecer. Mesmo assim, se ela o pegar, você será

---

2 "Ocean Currents", National Oceanic and Atmospheric Administration, agosto de 2011. Disponível em: https://www.noaa.gov/education/resource-collections/ocean-coasts/ocean-currents.

3 *Encyclopaedia Britannica Online*, veja o verbete "East Australian Current", 21 de fevereiro de 2019. Disponível em: https://www.britannica.com/place/East-Australian-Current; "East Australian Current", Earth Observatory, 17 de agosto de 2005. Disponível em: https://earthobservatory.nasa.gov/images/15366/east-australian-current.

levado para onde ela o levar — seja isso um lugar para onde você queira ir ou não.

Entendendo isso e depois de vivenciar em primeira mão como é fácil ficar à deriva em alto-mar, fico pensando em outros tipos de correntes igualmente poderosas e, talvez, até mais perigosas. Correntes que envolvem subcorrentes intangíveis, como ideias e filosofias populares que impregnam nossa cultura — e, às vezes, até a igreja. Esses tipos de influenciadores são as correntes do nosso tempo, impulsionadas pelos ventos da mudança. Elas tiram a sociedade — e, às vezes, nós juntamente com ela — do centro, levando-a para longe das verdades fundacionais da Palavra de Deus e para lugares para os quais nunca quisemos ir. Tudo isso acontece em silêncio, aos poucos. Acontece de forma praticamente despercebida.

Talvez você esteja mais familiarizado com essas correntes do que imagina. Basta pensar em quantas vezes você tem sido obrigado a lutar com problemas que nunca contemplou antes. Problemas que, no passado, podem nunca ter afetado você ou sua família, mas que agora afetam.

Agora que minhas filhas estão na adolescência, eu me pego tendo conversas com elas que minha mãe jamais teria sonhado em ter comigo, mas minhas filhas estão enfrentando um mundo que minha mãe nunca conheceu. Frequentemente, elas são confrontadas com ideias e perspectivas muito diferentes das verdades bíblicas que Nick e eu lhes ensinamos. Às vezes, é complexo e desafiador explicar essas ideias que elas nos apresentam. Em momentos assim, Nick e eu ouvimos, oramos e, com cuidado, direcionamos as garotas de volta para a Palavra de Deus, esforçando-nos ao máximo para tratar tanto do lado prático quanto do lado espiritual das questões.

Ao longo dos anos, em cada nível apropriado à idade, temos conversado juntos sobre *bullying*, ansiedade, identidade, valor e sexualidade. Dissecamos moralidade, diversidade e misoginia. Discutimos pobreza, preconceito, racismo e desigualdade. Articulamos tudo desde a apologética até a ciência. Tratamos de tudo que fosse necessário para ajudar Catherine e Sophia a reconhecerem o valor de sua fé cristã, de seu relacionamento com Jesus e de seus efeitos em cada experiência que possam encontrar — especialmente em face das objeções mais difíceis ao cristianismo.

E seguimos conversando. Jamais deixaremos de conversar. Porque o mundo que conhecemos — que conhecíamos — está sempre evoluindo, e isso nos afeta — muitas vezes, de modo mais profundo do que gostaríamos de admitir.

A partir das nossas conversas em família e daquilo que vejo acontecendo no mundo, estou absolutamente ciente de que, assim como a EAC desloca a vida marinha, as correntes do nosso tempo parecem estar deslocando populações inteiras de pessoas e seu modo de pensar e crer para lugares que nunca teríamos imaginado.

Conforta-me saber que nada disso é uma surpresa para Deus: nem os desastres naturais; nem os efeitos da guerra, nem as mudanças fluídas na cultura; nem as injustiças; nem as mudanças em moralidade, ética ou simples senso comum. Deus sabia que os ventos da mudança soprariam em cada geração, inclusive na nossa. E Ele sabia com que facilidade nós nos deixaríamos levar e ficar à deriva — mesmo estando determinados a nunca permitir que isso acontecesse.

> **Deus conhece a fragilidade da nossa humanidade. Ele tem lutado com ela desde a queda. Ele sabe como é fácil ficarmos à deriva.**

Deus conhece a fragilidade da nossa humanidade. Ele tem lutado com ela desde a queda. Ele sabe como é fácil ficarmos à deriva. Em nossos pensamentos. Em nossas ações. Em nosso dia a dia. Nas coisas mais simples. Ele sabe como é tentador passar gradativamente de depositar nossa esperança nele para depositá-la em outras pessoas — um erro comum que costuma funcionar bem até alguém nos decepcionar.

É muito fácil nos apoiarmos em fontes alternativas de segurança e significado, enquanto afirmamos ao mesmo tempo que nos apoiamos em nossa fé. Depositamos confiança na nossa educação, nos nossos planos ou nas nossas carreiras. Recorremos ao que sabemos, ao que acreditamos ser a razão do nosso sucesso. Confiamos em nossos dons, nossos talentos ou nossas habilidades — como se os tivéssemos à parte de Deus (2Coríntios 4:7).

E podemos estar fazendo tudo isso sem mesmo perceber. Assim como eu pensava ter ancorado nosso barco, às vezes, pensamos que estamos nos apoiando em nossa fé, até nos encontrarmos num lugar que não reconhecemos.

Agora que sei que é possível ficar à deriva sem perceber, que ser levado não acontece de repente, mas ao longo do tempo, e que aqueles pequenos desvios nas nossas ações do dia a dia podem causar grandes mudanças, eu adotei a prática de fazer um balanço pessoal regularmente, para impedir que eu me desvie novamente. Estou prestando mais atenção do que nunca em meu relacionamento pessoal com Deus. Naquilo que está acontecendo no meu coração. Naquilo em que estou depositando a minha confiança. Na minha família, nos meus amigos e nos meus colegas. Como escreveu Salomão, são as raposinhas que minam nosso relacionamento com Deus — as coisas que podemos não perceber, que parecem pequenas, invisíveis, despercebidas (Cântico dos Cânticos 2:15).

Sobre meu relacionamento com Deus, eu pergunto:

- Parei de buscar a Deus e comecei a não priorizar meu tempo com Ele?
- Parei de consumir a Palavra de Deus e comecei a viver das sobras?
- Parei de responder imediatamente ao Espírito e comecei a adiar?
- Parei de me importar e comecei a me tornar insensível em relação a convicções anteriores?
- Parei de orar e comecei a ficar obcecada?
- Parei de buscar mais dele?

E sobre meus relacionamentos com os outros, eu pergunto:

- Parei de perdoar e comecei a guardar mágoas?
- Parei de compartilhar e comecei a reter?
- Parei de me dedicar e comecei a recuar?

- Parei de rir e comecei a ficar mais crítica?
- Parei de reagir com graça e comecei a reagir com impaciência?

E sobre meu coração, eu pergunto:

- Parei de ter paixão e comecei a ficar ressentida?
- Parei de sonhar e comecei a me acomodar?
- Parei de ter esperança e comecei a cair em desespero?
- Parei de sentir e comecei a ficar insensível?

Descobri — ao elaborar essa lista e me aprofundar na Palavra de Deus — que existe uma série de maneiras de se desviar, mas apenas uma maneira de impedir isso. É baixar — e fixar — a âncora.

JESUS É A NOSSA ÂNCORA

Com tanta mudança acontecendo, só existe uma âncora que conheço que seja capaz de nos manter firmes nessas correntes inconstantes. Seu nome é Jesus. O escritor de Hebreus lembrou os primeiros cristãos de que Deus fez uma promessa a Abraão — abençoá-lo e multiplicar seus descendentes — e Deus a cumpriu. Semelhantemente, cada geração teve, desde então, uma promessa a que se agarrar.

Quando Deus fez a sua promessa a Abraão, por não haver ninguém superior por quem jurar, jurou por si mesmo, dizendo: "Esteja certo de que o abençoarei e farei seus descendentes numerosos". E foi assim que, depois de esperar pacientemente, Abraão alcançou a promessa. Os homens juram por alguém superior a si mesmos, e o juramento confirma o que foi dito, pondo fim a toda discussão. Querendo mostrar de forma bem clara a natureza imutável do seu propósito para com os herdei-ros da promessa, Deus o confirmou com juramento, para que, por meio de duas coisas imutáveis nas quais é impossível que Deus minta, sejamos firmemente encorajados, nós, que nos refugiamos nele para tomar posse da esperança a nós proposta. *Temos esta esperança como âncora da alma, firme e segura*, a qual adentra o santuário interior, por trás do véu, onde Jesus, que nos precedeu, entrou em nosso lugar, tornando-se sumo sacerdote para sempre, segundo a ordem de Melquisedeque. (6:13-20; grifo meu)

Deus nos enviou um Salvador — Jesus, esta esperança — como âncora para a nossa alma. Mas guardada dentro do barco, ao alcance do nosso controle, a nossa âncora não serve para nada. É somente quando a jogamos para fora do barco, garantindo que ela esteja fixa sob a superfície da água no solo do oceano,

> **Deus nos enviou um Salvador — Jesus, esta esperança — como âncora para a nossa alma.**

que essa esperança que temos como âncora para nossa alma pode ope-rar. A princípio, quando tudo está calmo, não sabemos que ela está em operação, mas quando surgem os ventos e as ondas começam a crescer, saberemos que Jesus está fazendo o que ele prometeu. Se depositarmos nossa esperança em Cristo, poderemos permanecer firmes. Imóveis. Firmemente estabelecidos. Mesmo na mais forte das correntes e na pior das tempestades. Mesmo quando não conseguimos enxergar a nossa âncora lá embaixo nas profundezas. "Pois nessa esperança fomos salvos. Mas, esperança que se vê não é esperança. Quem espera por aquilo que está vendo?" (Romanos 8:24).

A esperança faz o que foi destinada a fazer quando simplesmente confiamos em Jesus e permitimos que a nossa âncora faça o seu trabalho. Mesmo quando sentimos a corrente girando em nossa volta, querendo arrastar-nos à força, não precisamos ceder. Sim, nossa esperança sempre será testada — ela não muda o estado do mar —, mas desistir de Jesus,

COMO EU CHEGUEI ATÉ AQUI?

largar a âncora da nossa alma, deixar de confiar, distrair-nos, perder de vista aquilo que está nos mantendo firmes só nos deixará à deriva.

Talvez seu cônjuge tenha abandonado você, um amigo tenha se afastado de você ou um diagnóstico tenha pegado você totalmente de surpresa. Jesus quer ser sua âncora.

Talvez você tenha um filho que você parece não conseguir alcançar. Talvez tenha perdido o emprego e suas economias se foram. Jesus quer ser sua âncora.

Talvez seus sonhos tenham sido destruídos e você se sinta totalmente perdido, sem fazer ideia de qual deve ser seu próximo passo. Jesus quer ser sua âncora.

O autor de Hebreus nos certificou disso, e mais adiante em seus escritos, ele compartilhou que Deus nos prometeu ainda mais: "Jesus Cristo é o mesmo, ontem, hoje e para sempre" (13:8). Como é reconfortante saber que Jesus é uma âncora que nunca muda. Seu amor permanece o mesmo, sua misericórdia permanece a mesma, sua graça permanece a mesma e sua compaixão permanece a mesma. Especialmente quando todo o resto parece nunca permanecer o mesmo.

O que devemos aprender a fazer é permanecermos ancorados nele — especialmente quando as correntes do nosso tempo ficam cada vez mais fortes.

VERIFIQUE SUA ÂNCORA

Sempre que Nick e eu fazemos um passeio de barco, ele faz uma inspeção rotineira de segurança do barco, certificando-se de que estamos com bastante combustível, coletes salva-vidas e todas as outras coisas necessárias para qualquer tipo de emergência marítima. Parte dessa rotina inclui sempre inspecionar a âncora e a corrente presa a ela. Sempre fico fascinada com o cuidado e a atenção que ele dedica a isso, verificando cada elo da corrente presa à âncora.

Existem múltiplas formas de âncoras para barcos e elas sempre são proporcionais ao tamanho e peso da embarcação. Em termos simples, quanto maior o barco, maior a âncora. Presa à âncora está a corrente. O comprimento da corrente a ser usada para um ancoradouro específico costuma ser sete vezes a profundeza da água e depende de fatores como a natureza do fundo do corpo d'água, das condições da maré e das correntezas e do estado da prontidão do barco, como também do período durante o qual o barco precise permanecer ancorado.[4]

Analisar cuidadosamente cada elo da corrente é como Nick garante que toda a corrente é forte e resistirá às condições mais adversas. Se encontrasse um elo fraco ou quebrado, ele o substituiria imediatamente por um elo novo e forte.

Lembrando o nosso incidente com o barco em Santorini, mesmo se eu tivesse ancorado o barco corretamente, se qualquer um dos elos na corrente estivesse fraco, ou quebrado e tivesse cedido, ainda assim teríamos ficado à deriva naquelas rotas dos navios grandes. Essas experiências me ensinaram que, mesmo que Jesus seja a âncora da nossa alma, precisamos de elos fortes para permanecermos conectados a ele.

NOSSO ELO MAIS FRACO

Quando me vi à deriva, eu não tinha abandonado meu relacionamento com Jesus, mas alguns dos elos da minha corrente que nos conectava tinham enfraquecido. Em algum ponto, eu tinha deixado de cuidar deles, de inspecioná-los e de fortalecê-los quando ficaram frágeis. Eu tinha desistido de algo em que tinha acreditado no passado, de algo que

---

4 "Chains: General Information", Anchor Marine Houston. Disponível em: https://anchormarinehouston.com/wp-content/uploads/2019/03/Section_2_Chains.pdf; Katy Stickland, "How Much Anchor Chain?", *Yachting Monthly*, 26 de agosto de 2019. Disponível em: https://www.yachtingmonthly.com/sailing-skills/how-much-anchor-chain-70603; Fortress Marine Anchors, Guardian Anchors Selection Guide. Disponível em: https://fortressanchors.com/anchors/guardian/#guardianselection.

havia sido precioso para mim, de algo sobre o qual compartilharei mais no próximo capítulo, e as consequências foram inevitáveis — como o são para todos nós.

- Se negligenciarmos a atenção que damos a Deus, nosso coração ficará à deriva.
- Se negligenciarmos a atenção que damos ao nosso cônjuge, ficaremos desconectados.
- Se negligenciarmos a atenção que damos aos nossos filhos, experimentaremos distância.
- Se negligenciarmos a atenção que damos às nossas amizades, elas ficarão enfraquecidas.
- Se negligenciarmos a atenção que damos às nossas finanças, ficaremos endividados.
- Se negligenciarmos a atenção que damos à nossa saúde, ficaremos doentes.
- Se negligenciarmos a atenção que damos ao nosso aprendizado e crescimento, atrofiaremos.
- Se negligenciarmos a atenção que damos aos nossos pensamentos, seremos reféns
da inverdade.
- Se negligenciarmos a atenção que damos ao nosso descanso, ficaremos exaustos.

Ouvi dizer que só somos tão fortes quanto o nosso elo mais fraco. Negligenciar um elo fraco pode fazer toda a diferença quando se trata de permanecermos ancorados ou não. É por isso que Deus quer que verifiquemos nossos elos — para que possamos permanecer conectados com Jesus. Quando nos encontramos num lugar em que não esperávamos estar, não foi ele que mudou de lugar. Somos nós que começamos a nos afastar. Admito que, na maioria das vezes, isso não é intencional, mas, em algum momento ao longo do caminho, deixamos de verificar a nossa âncora; então, a despeito da nossa convicção de que estamos ancorados em Cristo — porque nós lhe entregamos o nosso coração —, algo cedeu.

É isso que quero explorar no restante deste livro. Quero que verifiquemos nossos elos mais vitais — juntos — e fortaleçamos aqueles que ficaram fracos. Falarei sobre eles comuns a todos nós. Juntos, veremos como nossos elos permanecem fortes ou enfraquecem — e a forma como isso pode variar dependendo das nossas experiências de vida únicas. Exploraremos também como podemos crescer por meio desses momentos. Espero que, ao me abrir e lhe contar quando falhei e quando superei, quando entendi e quando desmoronei no chão, você possa avançar com mais sabedoria e força apesar de tudo que a vida jogue no seu caminho.

> Quando nos encontramos num lugar em que não esperávamos estar, não foi ele que mudou de lugar. Somos nós que começamos a nos afastar.

Deus colocou cada um de nós aqui na terra de propósito e para um propósito. Ele tem planos para nós cumprirmos em cada idade e fase da vida. Mas se você está num lugar em que esteja querendo tocar o sino, ou se perguntando como foi que você chegou aqui, talvez precise de um pouco de ajuda para continuar. Assim como eu precisei.

2

VOCÊ SABE QUE PERDEU O RUMO QUANDO

PARA DE CONFIAR
E COMEÇA A CONTROLAR

[O cristão] acredita que [Deus] é sábio demais para errar e bom demais para ser cruel; ele confia nele onde Ele não pode identificá-lo, olha para Ele na hora mais escura e acredita que tudo está bem.

— CHARLES SPURGEON

Eu estava no meio do supermercado, olhando para prateleiras vazias, e não pude evitar de achar tudo aquilo surreal. Depois de passar por alguns corredores, parei para fazer uma pausa e absorver o que meus olhos estavam vendo. Seções inteiras da loja tinham sido completamente esvaziadas. Não havia feijão, nem arroz, nem massas, nem sopas, nem tomates enlatados. Até o balcão do açougue havia sido completamente esvaziado.

Eu tinha ouvido sobre a corrida aos supermercados, as piadas sobre estocar papel higiênico, mas ver tudo isso com meus próprios olhos era bem diferente. As pessoas estavam realmente estocando comida e suprimentos como se não houvesse amanhã. Eu entendia a necessidade de se preparar para um terremoto e de ter suprimentos de emergência — afinal de contas, vivíamos no sul da Califórnia —, mas isso era algo que eu nunca tinha visto em toda a minha vida. E, lá no fundo, eu sabia que o que estava acontecendo aqui ia além de esvaziar prateleiras. As pessoas estavam realmente com medo.

Naquele momento, uma senhora muito mais velha do que eu descia vagando pelo corredor e parou na minha frente, obviamente à procura de algo. "Azeitonas, só um vidro pequeno de azeitonas...", ela murmurou para si mesma. Olhei para as estantes em que as latas e os vidros de azeitonas costumavam estar e percebi que eu tinha pegado o último vidro, embora não fosse nada pequeno.

"Aqui". Ri para aliviar minha tensão e a sobrancelha levantada dela. "Pode levar o meu. Não é um vidro pequeno, mas acredito que tenha sido o último. Além disso, a senhora terá bastante azeitonas até tudo isso passar!"

"Ah, querida, fique com ele."

"Não, eu insisto. Sou grega e sei como uma boa azeitona é importante! Especialmente em tempos difíceis."

Quando ela riu comigo, por uma fração de segundo, tudo o que estava desmoronando no mundo ficou em suspenso. Éramos apenas duas mulheres num supermercado, ajudando uma à outra e se conectando através do amor à comida — e não duas mulheres à procura de comida num tempo de consumidores em pânico e crise global.

"Obrigada", ela disse. "Fique bem".

"A senhora também."

Olhando para ela enquanto se afastava, pensei em como, nas últimas semanas, minha vida e a vida de todas as pessoas tinham mudado totalmente. O mundo inteiro tinha passado daquilo que parecia ser normal para um estado de caos total. A covid-19, o novo coronavírus, tinha explodido numa pandemia global. Agora, o efeito dominó no mundo inteiro estava ganhando impulso. Mais rápido do que percebíamos. Mais rápido do que podíamos reagir. Mais rápido do que a capacidade dos governos de criar planos de prevenção. Eu, naquele supermercado quase vazio, era apenas um dos indícios de que vivíamos num mundo que estava mudando rapidamente — e de que teríamos de achar meios de nos adaptar.

Entrei na fila do caixa. Uma fila muito longa. Uma fila que se estendia até os corredores, como se todos estivessem se preparando para o Dia de Ação de Graças ou outro feriado. Se ao menos fosse isso. Enquanto os clientes pacientes conversavam à minha frente e atrás de mim, eu fiquei ouvindo. Conversando uns com os outros, conversando com ninguém específico, às vezes até em voz baixa, eles expressavam tudo. Suas ansiedades. Suas preocupações. Suas previsões de fim de mundo. Era evidente que o que tinha se espalhado mais rápido do que qualquer vírus era o medo — e tudo aquilo que o medo traz consigo. Preocupação. Dúvida. Ansiedade. Pânico. Terror. Instinto de sobrevivência.

O MEDO QUERIA ME CONTROLAR

A caminho de casa, tive de pensar nas pessoas cujas conversas eu tinha entreouvido. A mulher cujos filho e nora viviam numa das cidades mais afetadas e não podiam sair dela. A mulher cujo marido precisava de oxigênio e era especialmente vulnerável. A mulher que estava tentando dar conta de trabalhar em casa e administrar o estudo de seus três filhos ao mesmo tempo, algo que ela nunca tinha feito antes. O homem de poucas palavras, ainda de avental cirúrgico, com apenas um punhado de itens na mão. Provavelmente, ele entendia a situação melhor do que todos nós, razão pela qual tinha tão pouco a dizer.

Tentando ignorar as ruas vazias e querendo me livrar dessas preocupações, liguei o rádio. Dias atrás, eu tinha decidido que queria me manter informada, não esmagada, mas já estava ficando mais difícil fazer uma coisa sem sentir a outra. Assim que liguei o rádio, o canal passou para uma transmissão de notícias ao vivo. A ordem de ficar em casa, sobre a qual as mídias vinham especulando, acabara de ser emitida pelo governador. Começaria à meia-noite.

Ao entrar no meu bairro, minhas preocupações crescentes se voltaram para as minhas filhas, e meu coração começou a bater um pouco mais rápido. Como isso as afetará? E se isso deixar cicatrizes nelas? E se elas só se lembrarem da dor e do sofrimento num momento tão crucial em sua vida? De repente, igual a todas aquelas pessoas na fila do supermercado, eu tinha minhas próprias razões para ter medo. Para ser ansiosa. Para ser consumida. Para ficar à deriva como não tinha ficado havia muito tempo.

> Confiar em Deus exige intencionalidade e uma escolha perpétua e repetida.

Lá no fundo, eu sabia que não devia entrar em casa naquele estado. Devia parar e me recompor. Para Nick. Para as garotas. Para minha própria paz de espírito. Devia me ancorar em Jesus, o único capaz de evitar que eu ficasse à deriva. Assim, fazendo o que eu já tinha feito milhares de vezes e o que, provavelmente, voltaria a fazer muitas vezes de novo, coloquei a mão na testa e comecei a falar comigo mesma: "Christine, Deus não lhe deu um espírito de medo, mas de amor, poder e uma mente sã. Você pode não estar entendendo o que está acontecendo, mas o que você sabe é que Deus nunca a abandonou antes, e não será agora que Ele irá abandonar. Portanto, você sabe que pode confiar nele agora".

Entendo se você achar isso um ritual estranho, mas é uma prática que desenvolvi ao longo dos anos. Antes de tomar uma decisão. Quando preciso de respostas numa situação difícil. Quando meus pensamentos começam a girar, meu coração começa a palpitar e as palmas das minhas mãos ficam úmidas. É o que acontece quando tudo parece estar fora do meu controle e o medo tenta assumir o controle total.

A ESTRADA DO "E SE"

Eu nem imaginava naquele dia o quanto as coisas piorariam antes de começarem a melhorar, mas entrei em casa seguramente ancorada, calma e pronta para ser um apoio para Nick e minhas garotas — só porque eu tinha depositado minha confiança em Deus, algo que nunca tem sido fácil para mim. Sei que isso é algo que não é fácil para muitas pessoas, pois confiar em Deus exige intencionalidade e uma escolha perpétua e repetida. Não é passivo, mas ativo — e nossa confiança é testada pelo tempo e pelas provações. Tendemos a pensar que estamos confiando nele e que confiar é fácil, até... até começarmos a perder o controle sobre as coisas que nos esforçamos tanto para controlar — sejam nossos filhos, nosso casamento, nosso lar, nossa agenda, nossas rotinas, nossas amizades, nossa educação, nossa carreira, nossas economias e até nossa vida espiritual, por mais estranho que isso soe. Achamos que alcançamos certo nível de maturidade, mas se enfrentarmos uma crise maior ou diferente de tudo que já enfrentamos antes, perceberemos que temos mais espaço para crescer. Mais espaço para confiar.

Para mim, a pandemia certamente foi algo assim. Não só por causa das minhas preocupações com minha própria família. Temos dezenove escritórios da A21 espalhados pelo planeta, incluindo aquele na Califórnia, que serve como sede da nossa equipe da Propel Women, e sempre trabalhamos com membros de equipe à distância, mas nunca com cada um deles — e todos os nossos voluntários — trabalhando em sua própria casa. Na época, eram mais de duzentas pessoas e, além delas, tínhamos mais de cem outras que tinham sido resgatadas do tráfico humano e estavam sob nossos cuidados. Juntamente com nossos administradores regionais, fizemos tudo funcionar, mas desde o início, já que estávamos nos adaptando a tantas mudanças a cada dia — e, às vezes, a cada hora — minha mente queria seguir a estrada do "E se".

Você a conhece. É uma bifurcação na estrada que nenhum de nós quer seguir, mas quando ela começa a falar, tenta nos convencer a virar para a esquerda quando, na verdade, queremos virar para a direita. Isso acontece com cada decisão. Com cada desafio. Com cada contratempo. Com cada crise que nunca previmos.

Ao longo dos anos, aprendi que um dos sinais de que eu possa estar me afastando da confiança e estar passando para o lado do medo é quando todas as perguntas do tipo "E se" começam a aparecer — como aconteceu naquele dia no carro. E cada vez eu sei que posso deixar-me levar por elas e ficar à deriva ou pará-las baixando — e fixando — a âncora e confiando mais uma vez em Deus. Sei que você sabe exatamente do que estou falando — quando nossa mente simplesmente vai para aquele lugar.

- E se eu perder meu emprego?
- E se realmente houver algum problema sério com o meu corpo?
- E se eu nunca me casar?
- E se eu não conseguir completar a escola?
- E se eu não entrar na faculdade que quero?
- E se eu não conseguir pagar os estudos?
- E se nós nos divorciarmos?
- E se as crianças começarem a brigar — de novo?
- E se meu filho se meter em problemas?
- E se o carro quebrar?
- E se o avião cair?
- E se alguém arrombar a casa?
- E se o mercado continuar em baixa?
- E se perdermos tudo pelo qual trabalhamos tanto?

E se... E se... E se...?

Quando nosso raciocínio começa a ser irracional, quando nossos pensamentos começam a nos arrastar por uma estrada que nunca queríamos seguir, quando nos sentimos incapazes de impedir os desdobramentos resultantes, não estamos confiando em Deus naquele momento porque, em nossa mente, estamos imaginando um momento futuro. E se não tivermos cuidado, podemos passar de paz para pânico, de maravilha para preocupação, de mordomia para desperdício, de preparo para improviso, de confiança para terror em poucos minutos. É tão fácil desviar-se quando os "E ses" começam, não só em nosso pensamento, mas em tudo que o nosso pensamento afeta: em nossas decisões, em nosso julgamento são, em nossas reações, nossas crenças, nossas emoções, nossas perspectivas. Até em nosso corpo físico. Nosso coração começa a disparar. As palmas das nossas mãos podem suar. Nosso estômago pode se embrulhar. Às vezes, esses "E ses" nos levam e sentimos um nervosismo do qual não conseguimos nos livrar. Uma mente que não consegue se lembrar rápido o suficiente. Um nervo que não quer parar de tremer. Uma tensão na nuca ou nas costas que não quer relaxar. Pensamentos que não nos deixam parar de nos inquietar com a nossa saúde ou com as contas que não conseguimos pagar — ou algo ainda mais paralisante. Se, alguma vez, você já teve pensamentos que cresceram tanto dentro de você que o levaram a ter um ataque de pânico, ou se você tende a tê-los regularmente, então você sabe com que facilidade seu corpo passa de calma para impotência ou de tranquilidade para terror.

Eu já vivenciei esse tipo de impotência antes, naquela época em que quis tocar o sino. Eu tinha desistido e me levantado depois de uma daquelas noites das quais lhe contei, em que não conseguia dormir, e fui até a varanda do nosso quarto para pegar um pouco de ar fresco. Mas em vez de relaxar e permanecer num lugar de confiar em Deus, comecei a ruminar de novo — e reviver o passado só me levou a pensar em todos os "E ses".

Antes de me dar conta, eu já estava à deriva, e meu coração estava palpitando tanto que eu não conseguia acompanhá-lo. Não demorou, e meu corpo começou a tremer da cabeça aos pés. E eu não conseguia fazer aquilo parar. Não importava o quanto tentasse. Não importava o quanto me concentrasse — ou tentasse me concentrar. Nada adiantava. Era como se meu corpo tivesse vontade própria. Eu queria que ele fizesse uma coisa, mas ele tinha decidido fazer outra. Quando chamei pelo Nick, meus dentes estavam rangendo como se eu estivesse morrendo de frio, e minha voz mal passava de um sussurro. Mesmo assim, ele apareceu num instante e me segurou até eu parar de tremer. Ainda hoje não sei quanto tempo demorou, mas lembro-me da voz dele. E daquilo que ele disse. Sem parar. "Estou com você".

Não é isso o que Deus está sempre nos dizendo, de um jeito ou de outro? Ele nos prometeu: "Nunca o deixarei, nunca o abandonarei" (Hebreus 13:5; veja também Deuteronômio 31:6), e Deus cumpre suas promessas (Hebreus 10:23). Ainda assim, por que, às vezes, é mais fácil ceder aos "E ses" do que confiar nele? Deus até promete manter-nos em perfeita paz se confiarmos nele e mantermos nossa mente fixada nele (Isaías 26:3). Mesmo assim, nossa tendência é ficar à deriva.

CONFIANÇA É O ELO-MESTRE

Para impedir que fiquemos à deriva, há momentos em que precisamos apertar o botão de reiniciar e assegurar-nos de que estamos confiando mais em Deus do que em qualquer outra pessoa ou coisa, incluindo nós mesmos. Devemos verificar os elos na corrente que nos conecta com Jesus, a âncora da nossa alma, regularmente, para que não fiquemos à deriva sem perceber. Então, quando surge uma crise de qualquer tipo, seja ela de natureza financeira, relacional, emocional, espiritual, profissional, uma crise de saúde ou até mesmo uma pandemia global, não estamos tentando baixar a âncora numa tempestade, quando as ondas são tão altas que estão prestes a nos derrubar. Não saímos correndo, tentando voltar a confiar em Deus com todo o nosso coração.

Imagine desta forma: numa corrente de bicicleta típica, existe um único elo removível. Ele é chamado de elo-mestre. É ele que mantém todo o resto da corrente em seu lugar. Se você quer remover a corrente, deve primeiro desconectar o elo-mestre.[5] Espiritualmente, é isso que a confiança é na nossa vida. É o elo-mestre. Se não confiarmos em Deus com todo o nosso coração e, em vez disso, confiarmos em nosso próprio entendimento, será mais provável que fiquemos à deriva em alguma área. Mas se nosso elo-mestre estiver intato — se estivermos confiando em Deus e

---

5   David Fiedler, "What Is a Bike Chain Master Link and What Does It Do?", LiveAbout, atualizado em 8 de fevereiro de 2019. Disponível em: https://www.liveabout.com/what-is-a-bike-chain -master-link-and-what-does-it-do-365498.

somente nele —, isso fará com que todos os outros elos fiquem em seu lugar. Fica mais fácil permanecermos conectados com Deus de todas as maneiras em que Ele quer que estejamos conectados com Ele.

Para mim, confiar plenamente em Deus significa depositar toda a minha confiança nele — e em tudo que Ele envolve. Na verdade, um dicionário bíblico define nossa confiança como "uma dependência ou descanso de espírito na integridade, veracidade, justiça, amizade ou outro princípio são de outra pessoa".[6] Assim, quando começo a enlouquecer com todos os "E ses", ou a questionar Deus e sua bondade, eu não estou mais confiando nele.

Talvez, quando nos encontramos à deriva dessa forma, a fim de parar, devemos reformular todas as perguntas que passam pela nossa mente, especialmente aquelas que começam com "E se". Talvez tenhamos que baixar a âncora fazendo uma pergunta crucial: em que tipo de Deus eu acredito?

Você percebeu a mudança na perspectiva? No fim das contas, depositar nossa confiança em Deus é uma escolha. Há momentos em que confiamos em Deus por causa daquilo que conseguimos ver, mas também há momentos em que devemos confiar em Deus a despeito daquilo que vemos. Em que precisamos decidir ouvir as palavras de Provérbios 3:5 e confiar "no Senhor de todo o [nosso] coração e não [nos] apoiar em [nosso] próprio entendimento". Eu acredito num Deus que é bom, que faz o bem e que está operando todas as coisas para o meu bem, não importa o que esteja desmoronando ao meu redor (Salmos 119:68; Romanos 8:28). Confio no caráter de Deus. Na natureza de Deus. Não importa se eu esteja temporariamente desmoronando por dentro e o mundo esteja ruindo ao meu redor. Nada muda quem Ele é (Malaquias 3:6; Hebreus 13:8). Nenhum

> **Devemos verificar os elos na corrente que nos conecta com Jesus, a âncora da nossa alma, regularmente, para que não fiquemos à deriva sem perceber.**

---

6 *King James Bible Dictionary*, veja verbete "trust". Disponível em: http://www.kingjamesbibledictionary.com/Dictionary/trust.

COMO EU CHEGUEI ATÉ AQUI?

problema pequeno. Nenhum problema de tamanho médio. Nem mesmo problemas do tamanho de uma pandemia. Acredito que há momentos em que, a fim de parar de ficar à deriva, precisamos voltar para aquilo que sabemos ser verdade sobre Deus.

- Deus é bom (Salmos 119:68).
- Deus é santo (1Pedro 1:16).
- Deus é amor, e seu amor dura para sempre (1João 4:7-8; Salmo 136).
- Deus é por nós (Romanos 8:31).
- Deus exulta por nossa causa e se regozija em nós (Sofonias 3:14-17).
- Deus é fiel a nós — e cumpre todas as suas promessas a nós (Hebreus 10:23).
- Deus luta por nós (2Crônicas 20:15).
- Deus é justo (Salmos 50:6; 1João 1:9).
- Deus é misericordioso e compassivo para conosco (Salmos 86:15).
- Deus é sempre bondoso e está sempre pronto para nos perdoar (Salmos 86:5).
- Deus sabe todas as coisas (Salmo 139).
- Deus não comete erros (Salmos 18:30).
- Deus está no trono (Hebreus 8:1).
- Deus está no controle (Isaías 14:24).

E eu poderia continuar. Após mais de trinta anos seguindo a Jesus, há muito que eu ainda não entendo, mas os caminhos de Deus não são os meus caminhos, e seus pensamentos não são os meus pensamentos. Na verdade, a Bíblia diz que ambos são mais altos (Isaías 55:9). Assim, meu ponto de partida para atravessar qualquer confusão que eu possa ter é que Deus é Deus, e eu não sou. Se eu não entendo algo que Deus está fazendo, isso não sugere que há um problema com Deus. Significa apenas que eu não entendo. Pelo menos, não neste momento. Raramente temos uma visão geral de imediato. É como se estivéssemos segurando uma peça de um quebra-cabeças e Deus está segurando as outras 999 peças que nem sabemos que existem. Não conseguimos ver tudo o que Ele está fazendo. Mas só porque não conseguimos ver tudo isso — só porque não conseguimos identificar Deus —, isso não significa que não devemos confiar nele e, em vez disso, acreditar que Ele não está operando.

CONFIAR EM DEUS *VERSUS* CONTROLAR NOSSO MUNDO

De alguma forma, os "E ses" impactam todos nós — física, mental, emocional, relacional e espiritualmente — e nos deixam à deriva.

Para mim, uma das melhores maneiras de eu saber que estou prestes a ficar à deriva é quando quero controlar algo abertamente. É como meu papel tornassol pessoal. É claro, nunca pensamos que estamos tentando controlar até não conseguirmos controlar aquilo que queremos controlar.

Eu não tenho a intenção de ser assim, mas sempre fui o tipo de pessoa que prefere fazer as coisas do próprio jeito, em vez de confiar em Deus. Isso se manifesta na minha vida quando me concentro demais em pessoas que agem de maneira previsível, e em gostar que as coisas sejam feitas de certo modo, que tudo esteja em seu devido lugar. Sem querer, posso ficar obcecada com horários e planos. Você poderia dizer que, sem Jesus, posso ser uma pessoa controladora, mas, para ser honesta, eu tenho minhas razões. Após anos trabalhando arduamente para confiar em Deus em todas as situações desconhecidas — para aceitar a dor da cura e da recuperação vez após vez —, vim a entender que algumas das minhas tendências de controle têm sua origem em mecanismos de enfrentamento que eu desenvolvi por ter sofrido abuso sexual.

Ainda assim, Deus me convida a confiar nele. E quanto a você? Você tende a começar a controlar quando deveria estar confiando em Deus? Isso pode se infiltrar na nossa vida de muitas maneiras sutis. Por exemplo, você sabia que se preocupar demais com aquilo que outras pessoas

COMO EU CHEGUEI ATÉ AQUI?

pensam a nosso respeito pode ser um sinal de controle? Por mais que quiséssemos, não podemos controlar o que as pessoas pensam de nós, mas ainda assim tentamos. Houve momentos em que me importei demais com o que as pessoas pensavam, e eu tive que renunciar a tudo isso e confiar mais em Deus.

Outra maneira em que podemos começar a controlar é quando transferimos nossa confiança de Deus para as nossas próprias habilidades, talentos ou dons. Deus generosamente agraciou cada um de nós com qualidades para servir a Ele e servir aos outros, mas acabamos depositando nossa confiança nessas qualidades e pior: esperamos o tipo de resultados que só Deus pode dar. Controle pode ser algo muito sorrateiro. Quantas vezes ficamos decepcionados, desiludidos ou inconsoláveis porque alguma coisa não saiu como planejávamos? E tudo isso só porque pensávamos, em algum nível, que poderíamos controlar cada aspecto de um projeto ou sonho e também o seu resultado. Sem dúvida, há momentos em que devemos desistir da ideia de como algo deve ser e trocá-la pela visão maior de Deus — confiar que, embora possamos saber que determinada direção é a vontade dele, cabe a Deus decidir como todos os detalhes se encaixarão.

Descobri que podemos estar trabalhando em equipe, esforçando-nos a trabalhar como uma equipe, e ainda assim tentar controlar — quando como nos esquecemos de cultivar cooperação e começamos a exigir obediência.[7] Podemos começar a exercer controle nas nossas amizades e criar um drama, mas quando fazemos isso, deixamos de ser o tipo de lugar seguro que queremos ser. E na educação dos nossos filhos? É tão importante amá-los incondicionalmente e expressar livremente esse amor por eles — sem avaliar o que eles fazem ou quem são.[8] Ainda assim, é fácil exercer pressão para que mostrem desempenho. Até em nosso casamento podemos começar a controlar e manipular o outro — aplicando o tratamento do silêncio, fazendo comentários passivo-agressivos, tentando

---

7 N. T. Wright, *Surprised by Hope: Rethinking Heaven, the Resurrection, and the Mission of the Church* (Nova York: HarperOne, 2008), p. 132–137.

8 Sean Grover, "Do You Have a Controlling Personality?", *Psychology Today*, 30 de novembro de 2017. Disponível em: https://www.psychologytoday.com/us/blog/when-kids-call-the-shots/201711/do-you-have-controlling-personality.

incutir sentimentos de culpa no nosso cônjuge para que ele faça algo por nós.[9] Não importa quais dos nossos relacionamentos tentemos controlar — isso nunca funciona.

O que devemos aceitar é que todos nos decepcionarão eventualmente, especialmente se esperamos deles o que só Deus pode nos dar, e não há nada de errado com isso. Devemos liberar nossos chefes, colegas de trabalho, cônjuges, filhos e amigos dessa responsabilidade. Eu disse tantas vezes ao Nick, primariamente para que eu mesma pudesse ouvir: "Você não é Deus". Não é um insulto a ele, mas um lembrete para mim de que ninguém pode nos dar aquilo que só Deus pode nos dar. É meu jeito de aliviar a pressão.

Em algum ponto, devemos desistir de nossas tentativas de controlar tudo e todos e aprender a depositar toda a nossa confiança em Deus. Ainda assim, entendo que há momentos em que é mais fácil agir como Carrie Underwood e cantar: "Jesus, assuma a direção", em vez de realmente abrir mão e dar todo o controle a Ele. Sou tão grata por Deus nunca desistir de nós — não importa quantas vezes nós mesmos tentamos assumir as rédeas.

A FÉ DO "MAS, SE"

Descobri que, quando vivemos na esfera dos "E ses", pensando sobre o que poderia acontecer e, então, trabalhando para controlar o máximo possível, estamos tentando viver no futuro, e não no presente. Estamos cedendo aos nossos medos e nos concentrando no futuro.

Ao mesmo tempo, se estivermos vivendo pela fé, algo que todos os cristãos tentam fazer, também estamos concentrados no futuro. Quantas vezes ouvimos nosso pastor desafiar-nos a tomar um passo de fé? Desafiar-nos a orar e confiar que Deus responderá? Isso não faz com que nossa mente e nosso coração se voltem para o futuro? Isso não gera uma

---

9 Grover.

expectativa dentro de nós? Não é esse o significado de ter fé? É claro que sim. "Ora, a fé é a certeza daquilo que esperamos e a prova das coisas que não vemos" (Hebreus 11:1). Mas o que devemos fazer enquanto aguardamos aquilo que a nossa fé espera? Como confiamos em Deus no presente enquanto passamos por uma situação incontrolável, seja ela qual for?

Tanto o medo quanto a fé podem voltar nosso foco para o futuro, mas existe um tipo de fé na qual Deus quer que caminhemos o tempo todo — e simultaneamente à nossa fé concentrada no futuro. Nós a encontramos no livro de Daniel, quando o rei Nabucodonosor queria punir três jovens hebreus por não se curvarem e não adorarem uma estátua de ouro que ele mandara fazer. Diferentemente de tantos filhos de Israel que viviam em cativeiro na época, Sadraque, Mesaque e Abede-Nego sabiam confiar em Deus de todo coração, mas por terem desobedecido ao decreto real de adorar um deus falso, eles foram presos e levados para diante do rei.

> Nabucodonosor lhes disse: "É verdade, Sadraque, Mesaque e Abede-Nego, que vocês não prestam culto aos meus deuses nem adoram a imagem de ouro que mandei erguer? Pois agora, quando vocês ouvirem o som da trombeta, do pífaro, da cítara, da harpa, do saltério, da flauta dupla e de toda espécie de música, se vocês se dispuserem a prostrar-se em terra e a adorar a imagem que eu fiz, será melhor para vocês. Mas, se não a adorarem, serão imediatamente atirados numa fornalha em chamas. E que deus poderá livrá-los das minhas mãos?" (3:14-15)

A resposta que deram revela o quanto eles confiavam em Deus e mostra o tipo de fé que tinham.

> Sadraque, Mesaque e Abede-Nego responderam ao rei: "Ó Nabucodonosor, não precisamos defender-nos diante de ti. Se formos atirados na fornalha em chamas, o Deus a quem prestamos culto pode livrar-nos, e ele nos livrará das tuas mãos, ó rei. *Mas, se ele não nos livrar*, saiba, ó rei, que não prestaremos

culto aos teus deuses nem adoraremos a imagem de ouro que mandaste erguer". (v. 16-18; grifo meu)

Talvez você já conheça o resto da história. Nabucodonosor deu ordens para que a fornalha fosse aquecida sete vezes mais; então ordenou que seus melhores soldados amarrassem os três homens e os jogassem lá dentro. O calor do fogo matou os soldados, mas os três jovens que colocaram sua confiança em Deus não foram sequer chamuscados. Quando Nabucodonosor olhou para o fogo, exclamou: "Olhem! Estou vendo quatro homens, desamarrados e ilesos, andando pelo fogo, e o quarto se parece com um filho dos deuses" (v. 25).

Lembrar que Jesus estava com eles no fogo nunca deixa de me encorajar quando estou atravessando uma provação ardente — Jesus está comigo no fogo. Ele prometeu que nunca me deixaria nem abandonaria — e ele sempre cumpre o que diz (Deuteronômio 31:6; Hebreus 13:5).

Para mim, a melhor parte dessa história sempre será a fé inabalável de Sadraque, Mesaque e Abede-Nego em Deus e somente em Deus. Eles não só confiaram que Deus os resgataria no fogo; confiaram nele a ponto de dizerem: "Mas, se ele não nos livrar, saiba, ó rei, que não prestaremos culto aos teus deuses nem adoraremos a imagem de ouro que mandaste erguer".

Mas, se! Esse é o tipo de fé que Deus quer que tenhamos a cada momento.

A fé do "Mas, se" é o que nos mantém acorrentados quando estamos no meio de uma crise, quando não entendemos o que está acontecendo, quando nossa situação é dolorosa, confusa, desmoralizante, desanimadora, decepcionante. A fé do "Mas, se" impede que fiquemos à deriva.

Ela nos ancora. É fé presente! É fé para o momento atual e para qualquer provação ardente pela qual estejamos passando. Talvez você tenha descoberto que não conseguirá se formar a tempo. Talvez tenha recebido um diagnóstico difícil. Talvez tenha perdido uma amizade preciosa. Talvez tenha perdido suas economias ou sua empresa. Talvez tenha perdido uma pessoa que você amava profundamente. E a dor que está sentindo é algo que você nunca sentiu e que jamais quer sentir novamente.

O único tipo de fé que o ajudará a passar por isso é a fé do tipo "Mas, se".

Deus quer que tenhamos ambas — a fé focada no futuro e a fé do tipo "Mas, se" — e ele quer que vivamos na tensão das duas. Por exemplo, a Bíblia nos instrui a esperar pela segunda vinda de Jesus, a ser vigilantes, a esperar que ele abra os céus (Apocalipse 6:14-16). Ao mesmo tempo, porém, como devemos viver aqui na terra em meio a todos os fogos que atravessamos? Pois, sejamos honestos, estamos sempre entrando num fogo, no meio de algum fogo ou saindo de algum fogo. Ficar sentados esperando que Jesus venha para nos resgatar não nos equipará para atravessar os fogos, mas a fé do "Mas, se" fará isso. A fé do tipo "Mas, se" vê a vida desta maneira:

- Mas, se eu me divorciar, ainda assim confiarei em Deus.
- Mas, se eu não conseguir terminar meus estudos agora, ainda assim confiarei em Deus.
- Mas, se o médico ligar e houver algum problema sério, ainda assim confiarei em Deus.
- Mas, se eu perder meu emprego, ainda assim confiarei em Deus.
- Mas, se eu não me casar, ainda assim confiarei em Deus.
- Mas, se eu não tiver filhos, ainda assim confiarei em Deus.
- Mas, se eu perder aquele amigo, ainda assim confiarei em Deus.
- Mas, se eu nunca conseguir parar de trabalhar, ainda assim confiarei em Deus.
- Mas, se eu perder tudo pelo qual trabalhei tanto, ainda assim confiarei em Deus.

Mas, se... Mas, se... Mas, se... Esse é o nível de confiança e o tipo de fé que eu quero ter em Deus. Você não?

- Mas, se Deus parecer não responder às minhas orações, ainda assim confiarei nele.

- Mas, se as respostas às minhas orações levarem anos, ainda assim confiarei nele.

- Mas, se eu não conseguir identificar a mão de Deus, ainda assim confiarei nele.

- Mas, se... — ainda assim confiarei nele.

O PRESENTE DO LAMENTO

Não sei para quem você corre quando precisa de um ouvido que o ouça, quando está tentando entender algo que está acontecendo e deseja caminhar na fé do "Mas, se", mas isso está sendo difícil. Quando minha mente está a mil por hora e preciso aliviar um aperto no peito, eu costumo correr para o Nick ou para uma das minhas amigas mais queridas, pois são elas que mais me ajudaram quando precisei olhar para Jesus e fixar minha âncora mais uma vez. Talvez, para você, essa pessoa seja a sua mãe, sua tia favorita ou seu melhor amigo. Para mim, porém, os momentos especialmente difíceis têm sido aqueles em que aquilo que estava pesando em mim era tão profundo, tão doloroso ou tão difícil de entender que eu precisava de mais do que aquilo que Nick ou minhas amigas poderiam me dar — como quando eu quis tocar o sino. Nesses momentos, precisei de algo a mais para ajudar-me a largar todos os meus "E ses" para que eu pudesse encontrar meu caminho para ter uma fé do tipo "Mas, se". E o que encontrei é um tipo de oração que a Bíblia chama de lamento. Embora eu ore todos os dias, descobri que uma coisa é conversar com Deus, e outra coisa bem diferente é quando somos totalmente honestos e derramamos nosso coração diante dele — quando confiamos nele nos níveis mais profundos do nosso ser verdadeiro e lhe contamos tudo. Até mesmo as coisas difíceis. Especialmente as coisas difíceis. Elas fazem parte do caminho que nos leva de onde quer que estejamos para aquele lugar da fé do "Mas, se". Esse tipo de honestidade — esse lamento — se encontra espalhada por toda a Bíblia.[10] Na verdade, um terço dos Salmos são cânticos ou poemas de lamento. Lamentações, como o nome já sugere, é um livro repleto de lamentos. Seus cinco poemas expressam a angústia do autor diante da destruição de Jerusalém em 587 a.C.

Jesus lamentou no Novo Testamento.[11] Ele agonizou por Israel. Ele chorou sobre Jerusalém (Lucas 19:41-44). Ele derramou lágrimas por causa de Lázaro (João 11:35). No jardim de Getsêmani, antes de sua prisão e crucificação, ele orou três vezes ao seu Pai celestial, enquanto seu suor caía no chão como gotas de sangue (Lucas 22:44). "Meu Pai, se for possível, afasta de mim este cálice; contudo, não seja como eu quero, mas sim como tu queres" (Mateus 26:39). Na cruz, Ele clamou: "Meu Deus! Meu Deus! Por que me abandonaste?" (Mateus 27:46).

Quando penso nessas passagens, vejo como Jesus demonstra para nós o que é ser honesto com nosso Pai, o que é entregar-se ao nosso Pai, estar num lugar de fé, disposto a avançar, mas admitindo a luta ou a dor, tudo ao mesmo tempo. Vejo Jesus lamentando e nos dando a permissão de lamentar também. Vejo-o disposto a sentir o que sentimos, disposto a lamentar conosco quando as coisas não vão como esperamos. Vejo-o como humano, mesmo sendo divino (Isaías 9:6; João 1:1-14; Colossenses 2:9).

Lamentar significa "estar de luto; sofrer; chorar; expressar tristeza".[12] Essas palavras bastam para me dizer que, provavelmente, não é algo bonito, e a partir daquilo que tenho lido na Bíblia — nos Salmos e nos relatos de Jesus — entendo que pode até ser barulhento e perturbador, ou sair de nós como uma "ira devastadora".[13] Parece que temos

---

10 Jack Wellman, "What Does Lament Mean? A Biblical Definition of Lament or Lamenting", Patheos, 20 de agosto de 2015 Disponível em: https://www.patheos. com/blogs/christiancrier/2015/08/20/what-does-lament-mean-a-biblical-definition -of-lament-or-lamenting/.

11 "Why Did Jesus Cry?" Bible Study. Disponível em: https://www.biblestudy.org/basicart/why-did-jesus-cry.html.

12 *King James Bible Dictionary*, veja o verbete "Lament". Disponível em: http://www.kingjamesbibledictionary.com/Dictionary/lament.

13 *King James Bible Dictionary*.

a permissão de chorar, gritar e simplesmente enlouquecer. Quando leio sobre o lamento, ele é algo que se expressa externamente; é algo demonstrativo, e não algo quieto e controlado. Ele vem de um lugar nas profundezas da nossa alma.

O lamento verdadeiro é uma forma de oração e entrega. É uma forma de adoração, pois o lamento se volta para Deus em vez de se voltar para longe de Deus. Muitas vezes, quando enfrentamos dor, nós nos voltamos para o outro lado. Nós nos distanciamos. O lamento, porém, não se distancia. O lamento aproxima. E, ao fazê-lo, ele não acusa o caráter de Deus, mas se refugia nele. Ele não diz: "Deus, tu não és bom", mas: "Deus, eu não entendo". Ele não diz: "Deus, estou me afastando porque não posso confiar em ti", mas: "Deus, estou me voltando para ti porque em ti eu confio". O lamento é um sacrifício de adoração. É um portão para uma confiança mais profunda. É uma declaração: "Ainda assim, confiarei em ti... Ainda assim, te louvarei!".

> Descobri que uma coisa é conversar com Deus, e outra coisa bem diferente é quando somos totalmente honestos e derramamos nosso coração diante dele.

Alguma vez você já esteve na igreja, adorando com todo o seu coração, e derramou tudo sobre o altar e disse isso a Deus? Tenho feito isso tantas vezes depois de sofrer perda, traição, decepção, fracasso, desgosto e até doença. O que resultou desses momentos não foi antifé nem antiesperança — muito pelo contrário. Eles me levaram a uma fé maior, a uma esperança maior e a uma confiança maior. Foi como redescobri minha alegria num tempo em que não tinha nenhuma.

Ainda assim, eu me pergunto se fomos levados a crer que, a fim de ser um bom cristão, devemos controlar as nossas emoções o tempo todo, embora os Salmos nos mostrem que Deus quer que derramemos tudo diante dele. Deus é o nosso lugar seguro. Ele não se ofende quando lhe contamos como realmente nos sentimos e o que pensamos, pois Ele já sabe, e é um sinal de confiança quando derramamos tudo diante dele.[14] e não levarmos tudo até Deus, ou isso acabará vazando como algo tóxico e afetará outras pessoas, ou nos envenenará de dentro para fora — ou ambos.

Antes de sua crucificação, Jesus disse aos seus discípulos: "Digo que certamente vocês chorarão e se lamentarão, mas o mundo se alegrará. Vocês se entristecerão, mas a tristeza de vocês se transformará em alegria." (João 16:20). Na minha experiência, o lamento que olha para Deus não nos joga numa cova, mas nos eleva para um lugar de confiança maior. Ele nos leva a reconhecer a nossa necessidade desesperada de Deus e sua grandeza. Ele nos leva para um lugar de humildade verdadeira.

Lamento é diferente de medo, negatividade ou desesperança. É mais do que mero choro, embora choremos quando lamentamos. Como disse o autor e professor cristão N. T. Wright: "Lamento é o que acontece quando as pessoas perguntam: 'Por quê?' e não recebem uma resposta. É o lugar que alcançamos quando vamos além da nossa preocupação egocêntrica sobre nossos pecados e fracassos e olhamos de modo mais amplo para o sofrimento do mundo".[15] Tenho várias coisas na minha vida a respeito das quais perguntei por que a Deus e que, alguns anos mais tarde, ainda não entendo e sobre as quais continuo sem respostas. Ainda hoje acredito que aquelas situações não foram justas e elas continuam irresolvidas no meu coração. Mesmo assim, confio nele, mas só porque tomei um tempo para lamentar.

Levei tudo para Deus, acreditei que Ele é bom, pedi que Ele preenchesse a lacuna entre aquilo que acredito e como eu me sinto, e Ele o fez. Tive que voltar mais uma vez para o lugar em que a minha fé não se baseia em receber respostas, mas em confiar no coração dele. Você consegue ver como, na verdade, o lamento é uma postura de fé e confiança porque ele parte de uma convicção de que Deus é bom e se importa? Como cristãos que vivem pela fé, lamentar é como atravessamos aqueles espaços

---

14 Mark Vroegop, "Dare to Hope in God", Desiring God, 6 de abril de 2019. Disponível em: https://www.desiringgod.org/articles/dare-to-hope-in-god.

15 N. T. Wright, "Christianity Offers No Answers About the Coronavirus. It's Not Supposed To", *TIME*, 29 de março de 2020. Disponível em: https://time.com/5808495/coronavirus-christianity/.

intermediários, onde esperamos, perseveramos e confiamos a despeito de tudo que não conseguimos enxergar. É onde "combatemos o bom combate da fé" num nível profundamente pessoal (1Timóteo 6:12).

Não surpreende que é a nossa confiança que é mais desafiada em tudo o que enfrentamos. Quando nos deparamos com problemas de qualquer tamanho que não têm solução humana, é fácil olhar para o céu e dizer: "Deus, por que não fazes algo a respeito?". Eu mesma tenho dito isso — quando atravessei lugares seriamente sombrios em países em que vi crianças sendo usadas para mendigar, vendidas como escravos sexuais ou forçadas a viver em escravidão doméstica. Era difícil ver tal injustiça e não perguntar a Deus: onde estás? Vivemos num mundo em que existe tanta dor, sofrimento, tristeza, perda, doença, corrupção, crime, violência e ódio que é fácil dar meia-volta com o coração e questionar Deus e sua bondade. Mas em momentos assim, não é a nossa confiança que está sendo abalada? Não é por isso que ficamos à deriva?

Com o trabalho da A21, se eu não soubesse lamentar, não seria capaz de dormir à noite. Mas, por causa do lamento, consigo entregar o fardo a Deus; Ele pode carregar o que eu não suporto. Posso levar toda a minha tristeza diante dos milhões de vítimas do tráfico que ainda não alcançamos e entregá-la a Deus; então, posso regozijar diante das dezenas de pessoas que foram resgatadas recentemente. Meus ombros não são largos o suficiente para lidar com isso de outro jeito, para carregar tudo o que está errado neste mundo e continuar num lugar de confiar em Deus. Preciso deixar tudo aos pés dele. Quando faço isso, reconheço e percebo que não estou sozinha no sofrimento. Nunca estive. Nunca estarei.

Quando incluímos o presente do lamento em nossa vida espiritual, caminhamos numa fé focada no futuro e numa fé do "Mas, se".[16]

---

16 Mark Vroegop, "Lament Psalms Are a Gift", Mark Vroegop. Disponível em: http://markvroegop.com/lament-psalms-are-a- gift/; Ernie Baker, "Psalms 42 and 43—The Gift of Lament", Biblical Counseling Coalition, 3 de abril de 2019. Disponível em: https://www.biblicalcounselingcoalition.org/2019/04/03/psalms-42-and-43-the-gift-of-lament/; Dr. Heath Thomas, "Lamentations and the Gift of Prayer", Bible Society, 18 de novembro de 2016. Disponível em: https://www.biblesociety.org.uk/explore-the-bible/bible-articles/lamentations-and-the-gift-of-prayer/.

Caminhamos na expectativa do futuro e completamente empenhados no presente. Como muitos teólogos, N. T. Wright se referiu a isso como viver no "já e ainda não".[17] É onde a nossa fé repousa — naquele espaço de tempo entre aquilo que é e aquilo que será.

O que me ajuda é imaginar isso desta maneira: quando Jesus veio para a terra, Ele declarou que o reino de Deus estava próximo — querendo dizer que ele o trouxe consigo —, e então ele o demonstrou (Marcos 1:14-15). Ele abriu olhos cegos. Curou ouvidos surdos. Ele falou, e os paralíticos andaram. Ele multiplicou comida. Ordenou que as forças do mal se afastassem, e elas foram embora. Ele até ressuscitou os mortos. Quando Jesus veio, o reino de Deus invadiu o aqui e agora com poder.[18]

Sabemos que tudo isso é verdade bíblica e acreditamos que Jesus cura e faz milagres de todos os tipos ainda hoje, mas estamos igualmente cientes de que a plenitude daquilo que será ainda não chegou — que tudo aquilo que deveria ser segundo o seu plano será no novo céu e na nova terra. O que isso significa é que vivemos num mundo, em comunidades, em famílias, em que as pessoas adoecem, em que relacionamentos são danificados e em que pandemias ainda podem se espalhar pela terra. O reino de Deus já é e ainda não é.

E quando vivenciamos a lacuna entre aquilo que é e aquilo que será, é o momento em que mais precisamos da confiança. Quando um ente querido não é curado. Quando a nossa oração não é respondida do jeito que esperávamos, do jeito que pedimos. Quando o chão desaba sob os nossos pés. Quando estamos esperando. Quando estamos em luto. Quando estamos em dor. Quando nos falta entendimento. Quando aquilo que vemos — e aquilo que vivenciamos à nossa volta — é flagrantemente contrário ao que lemos em sua Palavra, precisamos de confiança. Confiamos nele e naquilo que Ele diz? Ou confiamos naquilo que vemos e entendemos? Se a nossa confiança em Deus se limita ao nosso entendimento, nós, na verdade, transformamos nosso entendimento num deus e deixamos de adorar o Deus verdadeiro.

---

17 Wright, *Surprised by Hope*, p. 29.

18 Christine Caine, *20/20: Seen. Chosen. Sent.* (Nashville: Lifeway, 2019), p. 173.

Se conseguíssemos abraçar a tensão de viver no "já e ainda não", poderíamos abrir espaço para que Deus possa ser Deus e para que nós possamos crescer na fé do "Mas, se". Não é isso que realmente desejamos, confiar mais em Deus e crescer na nossa fé? Acredito que sim.

É importante lembrar que, não importa o que aconteça, a nossa fé agrada a Deus (Hebreus 11:6). Tanto a nossa fé focada no futuro quanto a nossa fé do "Mas, se". É isso que nos impulsiona. É a fé que nos transforma de cristãos incrédulos em cristãos crentes. Que nos leva de não confiar na bondade de Deus para confiar plenamente nele outra vez — quaisquer que sejam as nossas circunstâncias atuais. Que presente é ter uma fé do tipo "Mas, se"!

> **Quando vivenciamos a lacuna entre aquilo que é e aquilo que será, é o momento em que mais precisamos da confiança.**

Que liberdade é perceber:

- Mas, se tivermos medos, ainda assim poderemos confiar em Deus.
- Mas, se nos sentirmos inseguros, ainda assim poderemos confiar em Deus.
- Mas, se sentirmos angústia, ainda assim poderemos confiar em Deus.
- Mas, se nos sentirmos completamente sem controle, ainda assim poderemos confiar em Deus.
- Mas, se nos sentirmos decepcionados, ainda assim poderemos confiar em Deus.
- Mas, se nos sentirmos traídos, ainda assim poderemos confiar em Deus.
- Mas, se tivermos cometido um erro, ainda assim poderemos confiar em Deus.

Não precisamos ficar à deriva — mesmo que nossos sentimentos queiram ficar —, se permanecermos ancorados em Jesus e continuarmos confiando nele.

Se aprendemos alguma coisa com o coronavírus em 2020, foi que não podemos controlar o futuro — e o que eu percebi pessoalmente, mais do que qualquer outra coisa, foi que as pessoas com uma fé do tipo "Mas, se" conseguiram passar por isso de uma maneira completamente diferente do que aqueles que se renderam aos "E ses".

Cada uma das pessoas do tipo "Mas, se" com as quais conversei me lembrou dos heróis da fé, aqueles mencionados em Hebreus 11 — Abel, Enoque, Noé, Abraão, Sara. Aqueles dos quais a Bíblia diz que todos eles "morreram sem receber o que tinha sido prometido" (v. 13). Em vez disso, "viram-no de longe e de longe o saudaram, reconhecendo que eram estrangeiros e peregrinos na terra" (v. 13). Como os heróis da fé, lembremo-nos de que estamos aqui apenas de passagem. Este não é o nosso lar eterno.

A nossa cidadania, porém, está nos céus, de onde esperamos ansiosamente o Salvador, o Senhor Jesus Cristo. Pelo poder que o capacita a colocar todas as coisas debaixo do seu domínio, ele transformará os nossos corpos humilhados, tornando-os semelhantes ao seu corpo glorioso. (Filipenses 3:20-21)

Visto que somos novas criações em Cristo Jesus, nossa cidadania legal está no céu (2Coríntios 5:17). Lá, nossos nomes estão inscritos num registro (Lucas 10:20; Filipenses 4:3; Apocalipse 3:5; 13:8; 21:27). Podemos ser residentes aqui, mas somos simplesmente visitantes, peregrinos de passagem, e enquanto estivermos aqui na terra, permanecemos ancorados nele, confiando nele — e lamentando quando for necessário, para que possamos continuar confiando nele. É assim que podemos impedir que fiquemos à deriva na dor, na decepção e no sofrimento do "já e ainda não". É a maneira principal de permanecermos no lugar da fé do "Mas, se" até o dia em que formos levados para o nosso lar eterno.

E ao fazermos isso, fixamos nosso olhar no dia que está por vir. No dia descrito em Apocalipse 21:

> Então vi novos céus e nova terra, pois o primeiro céu e a primeira terra tinham passado; e o mar já não existia. Vi a Cidade Santa, a nova Jerusalém, que descia dos céus, da parte de Deus, preparada como uma noiva adornada para o seu marido. Ouvi uma forte voz que vinha do trono e dizia: "Agora o tabernáculo de Deus está com os homens, com os quais ele viverá. Eles serão os seus povos; o próprio Deus estará com eles e será o seu Deus. Ele enxugará dos seus olhos toda lágrima. Não haverá mais morte, nem tristeza, nem choro, nem dor, pois a antiga ordem já passou". (v. 1-4)

Sobre esse dia, Jesus disse: "Está feito" (v. 6). Quando Ele diz que algo está feito, aquilo está feito. Não aquilo que será, mas aquilo que é. Então, erga sua cabeça, pois seu futuro com Jesus — seu futuro nele — está seguro. Esse dia está chegando. É seguro. É certo.

3

VOCÊ SABE QUE PERDEU O RUMO QUANDO

PARA DE SE CURAR
E COMEÇA A SECRETAR

Cura exige coragem, e todos nós temos coragem, mesmo que tenhamos que procurar um pouco para encontrá-la.

— TORI AMOS

"Nick! O que aconteceu?", eu gemi e gritei ao mesmo tempo em que disparei ao seu encontro. Eu tinha ouvido a porta da frente se abrir e estava prestes a perguntar como tinha sido sua aventura de ciclismo, até que levantei os olhos e vi o sangue escorrendo pela sua perna, cobrindo o seu tênis e deixando um rastro no chão. Eu sempre fui um pouco enjoada ao ver sangue, e diante daquela cena, minha primeira reação seria fechar meus olhos e gritar para que alguém chamasse uma ambulância. É claro que essa não teria sido uma atitude muito racional, mas quem diz que devemos ser racionais quando alguém está encharcando o chão com o

COMO EU CHEGUEI ATÉ AQUI?

próprio sangue? Acho que eu merecia o direito de ser um pouco irracional naquele momento. Ainda assim, de alguma forma, consegui me controlar e o alcancei antes de poder pensar em outras ideias perturbadas.

Lutando para me posicionar sob seu braço e segurá-lo com o meu, fiz o que pude para suportar um pouco do seu peso.

"Vou levá-lo até a cozinha e dar uma olhada", eu disse, assumindo o controle, embora eu teria delegado com prazer toda a minha força se outra pessoa com mais estômago que eu tivesse estado ali. Enquanto mancávamos até o fundo da casa, não sei se conseguimos encontrar algum tipo de ritmo, mas, após uma caminhada acidentada, consegui colocá-lo num dos bancos próximos à ilha da cozinha.

Peguei um segundo banco e o ajudei a deitar sua perna nele, ao mesmo tempo em que seu sangue continuava a escorrer. Tentando permanecer calma e fazer minha mente trabalhar, circundei a ilha, peguei uma toalha limpa, umedeci com água fria na pia e joguei para Nick. Mesmo gemendo de dor, ele conseguiu pegá-la. Corri até o armário na nossa cozinha em que guardávamos todos os suprimentos de primeiros socorros e os remédios básicos para as febres e dores de barriga das meninas, dei uma olhada naquilo que tínhamos e fiquei pensando com o que eu poderia trabalhar. Descartei rapidamente os curativos, a pomada para picadas de mosquitos, o gel de aloe vera e os comprimidos "para picadas de abelhas". Estávamos preparados para tudo o que pudesse acontecer, mas me perguntei quanto daquelas coisas já deveria estar com a validade expirada e precisava ser jogado fora. Mas isso não era hora para pensar em organização. (Às vezes, eu me perco totalmente garantindo que há um lugar para tudo e que cada coisa esteja em seu lugar. Sou famosa por jogar tudo fora — desde os brinquedos do cachorro até os deveres de casa.)

Peguei o que parecia ser útil e voltei para a ilha.

Nick ainda estava pressionando a toalha contra a ferida para estancar o sangramento, embora nós dois soubéssemos que teríamos que dar uma boa olhada naquele ferimento e tomar uma decisão: ou seríamos capazes de fazer um curativo e cuidar da ferida, ou mancaríamos de volta para a porta da frente, entraríamos no carro e procuraríamos a emergência do hospital.

Deixei o Nick olhar primeiro — enquanto eu fortalecia meus nervos e decidia ser a melhor enfermeira possível —; então, lentamente, segui seu olhar e me concentrei em avaliar a ferida corretamente. Percebendo que o fluxo de sangue já tinha diminuído bastante, Nick tinha certeza de que o sangramento pararia em breve e que não precisávamos correr para o hospital. Nick cresceu com um pai médico e tinha visto muitas feridas. Concordamos que o corte era feio, mas não profundo demais para não cuidarmos dele sozinhos. Demoraria um pouco para curar, mas daríamos conta e ele ficaria bem.

Não tínhamos certeza de como e quando ele voltaria a andar de bicicleta, mas eu conhecia o Nick. Ele encontraria um jeito, pois havia um grande propósito em suas aventuras de *mountain bike*. Nick acabara de começar a treinar para um dos circuitos mais desafiadores do mundo: a Cape Epic, na África do Sul. É uma corrida de oito dias e de mais de 600 quilômetros por terreno indomado, com um total de escalada vertical de mais de 15 mil metros, dependendo do percurso, que muda todos os anos.[19] Ele tinha convencido uma equipe de alguns amigos a acompanhá-lo e, com isso, levantar fundos para o trabalho da A21.

A Cape Epic é um daqueles eventos esportivos extremos que é tão brutal que as pessoas começam a treinar anos antes. Bem, todos menos Nick. Ele começou um ano antes, e era apenas seu segundo dia saltando sobre colinas próximas de casa. Ele foi arremessado por cima de sua bicicleta. Em algum ponto durante o caminho até sua aterrisagem quase perfeita, ele feriu sua perna — na bicicleta, numa pedra, não sabemos. Foi quando conseguiu voltar para casa e entrou mancando pela porta da frente.

Quando começamos a limpar sua ferida, cobrindo-a com uma pomada antibiótica e gazes, ele me contou como tudo aconteceu: "Eu estava indo muito bem. Os olhos voltados para onde eu queria ir, olhando

---

19 "About the Race", Absa Cape Epic. Disponível em: https://www.cape-epic.com/riders/new-riders/about-the-race.

adiante o máximo possível, dando bastante liberdade para a bike voar sobre o terreno, exatamente como deveria ser. Mas então senti uma pancada vindo do nada, e quando percebi, eu já estava voando sobre o guidom e caindo na terra. Foi tudo muito rápido. Quando olhei para checar, sabia que não seria bonito, pois senti algo cravar na minha perna. Graças a Deus, eu não tinha quebrado nenhum osso".

Eu também dei graças.

Durante as duas semanas seguintes, ficamos cuidando de sua ferida incansavelmente. A cada manhã e noite, seguíamos a mesma rotina, trocando o curativo e verificando o processo de cura. Ficamos muito atentos a qualquer sinal de infecção, e Nick fez o que podia para não se esforçar demais. Embora tentasse andar normalmente, na maior parte do tempo, ele mancava ou se movimentava pulando na perna saudável. Ele não queria colocar muito peso naquela perna, esperando que ela curasse completamente sem abrir a ferida.

QUANDO A SECREÇÃO DE FERIDAS DO PASSADO INVADE O PRESENTE

Quando a ferida de Nick estava completamente curada, ele voltou para a sua vida de sempre. Ele não pulava mais pela casa. As garotas não precisavam mais ser lembradas de que precisavam ter cuidado ao abraçá-lo. Ele não precisava mais proteger a perna ao sentar-se à sua escrivaninha, evitando cuidadosamente esbarrá-la contra as pernas da mesa. Mesmo assim, a ferida deixou uma cicatriz. Num lugar sensível. Mais de uma vez eu o vi gemer ao esbarrar contra algo naquele ponto.

E toda vez, eu também parecia gemer.

Ao cuidar tantas vezes da ferida do Nick, lembrei-me de como somos feridos de maneiras que ninguém consegue ver. De maneiras que não exigem pontos, nem pomadas, nem curativos. Que não exigem que corramos para a emergência.

Tenho certeza de que você sabe de que tipo de feridas estou falando. Trata-se daquelas que foram causadas no nosso coração. Que nos afetaram mental, emocional e espiritualmente. Por pouco ou muito tempo. São aquelas feridas que não sangram externamente. Do tipo que ninguém parece perceber. Aquelas que podem estar vindo à mente neste momento. Sei que ainda tenho algumas das quais não me esqueci completamente. Não porque não quisesse, mas porque são aquelas que deixaram um lugar sensível tão real quanto a sensibilidade na perna do Nick. Não conheço nenhuma maneira de classificar as nossas feridas, muito menos aquelas que não conseguimos ver, mas algumas se curam com mais facilidade do que outras — exatamente como as feridas físicas. Depois da cura da perna do Nick, ele continuou a treinar durante todo o ano e destruiu sua bicicleta várias vezes ao longo dos meses em que aprendeu a ser mais ágil e hábil no manuseio de sua bike. Às vezes, ele se levantava quase ileso, apenas com um arranhão ou dois; às vezes, ralava o braço ou se cortava um pouco; outras vezes, saía da queda com outro hematoma. Ele, porém, nunca voltou a sofrer um corte como aquele em seu segundo dia de treino.

Não é igual à natureza dos ferimentos em nosso coração?

Acho que sim.

Quando reflito sobre as feridas que meu coração sofreu, lembro-me daquelas que não passaram de arranhões simples e daquelas que pareciam ter deixado apenas um hematoma por um ou dois dias. Quando eu não era convidada ou incluída. Quando eu era ignorada ou descartada. Quando não me entendiam ou me retratavam da maneira errada. Quando alguém não escolheu suas palavras com cuidado, deixando-me irritada.

Lembro-me das feridas que foram mais profundas e levaram mais tempo para curar, como quando me senti tratada injustamente. Como quando, na minha infância, me davam apelidos só porque eu era grega e filha de imigrantes. Como quando eu era tratada de modo diferente só por ser mulher. Como quando alguém me desqualificava por causa da minha idade quando eu era jovem e, mais tarde, quando era mais velha.

COMO EU CHEGUEI ATÉ AQUI?

Também me lembro daquelas feridas que eram tão dolorosas e intensas que eu achava que nunca iriam curar. Se você leu algum dos meus livros, você conhece a minha história — como fui largada, indesejada e sem nome, num hospital por duas semanas antes de ser adotada por pais amorosos; mas então, quando criança, fui abusada por vários homens. Por muitos anos. Incapaz de entender o que estava acontecendo. Sem saber o que dizer nem como pedir ajuda. Ferida e largada para navegar a vida da melhor maneira possível.

A cura dessas feridas sofridas na minha infância levou anos da minha vida adulta, e quando escrevi *Unexpected*, parece que ainda há feridas residuais no meu coração que Deus continua a curar.

Quando minha mãe morreu alguns anos atrás, depois de anos de tanta cura, sua morte trouxe à tona muitos sentimentos estranhos relacionados à minha mãe biológica — uma mulher que nunca conheci —, e Deus me mostrou mais lugares no meu coração dos quais Ele queria cuidar. Fiquei chocada. Mas enquanto algumas feridas parecem se curar rápida e completamente dentro de uma estação da nossa vida, outras são curadas aos poucos, uma camada por vez.

Talvez lidar com alguns tipos de dor ao mesmo tempo fosse mais do que conseguiríamos suportar. Depois de ser curada de tantos tipos de feridas diferentes na minha vida — incluindo aquelas com várias camadas —, aprendi a confiar em Deus no que diz respeito à cronologia para a cura de cada ferida.

E aprendi que quando gatilhos expõem outro local sensível, devemos convidá-lo mais uma vez. Deus promete curar-nos toda vez — seja uma ferida que cura rapidamente ou em fases —, e Ele sempre cumpre as suas promessas: "Só ele cura os de coração quebrantado e cuida das suas feridas" (Salmos 147:3). No que diz respeito àqueles momentos que me surpreenderam, àqueles gatilhos que parecem ter aparecido do nada, aprendi a ser grata porque, quando nossas feridas invisíveis não estão curadas, sejam elas grandes ou pequenas, elas secretam — e secreções são sempre um sinal claro de que estamos à deriva. De que paramos de procurar o Curador para sermos curados. De que perdemos vista de buscar Cristo e de nos ancorar nele.

PARA DE SE CURAR E COMEÇA A SECRETAR

NOSSAS FERIDAS PRECISAM DO CUIDADO APROPRIADO

Nossas feridas espirituais — aquelas dores insuportáveis que costumamos carregar conosco em nosso coração — precisam de tanto cuidado e cura quanto a ferida física do Nick. Sejam elas o resultado das palavras descuidadas ou ações irrefletidas de alguém; provenham elas de rejeição, traição, calúnia ou abuso; tenham sido elas infligidas por um professor, mentor, líder, amigo ou cônjuge; pareçam elas estarem inseridas na nossa história e estarmos sob sua mira por causa da nossa descendência, etnia, cor de pele ou algo que simplesmente não conseguimos controlar — se não aprendermos a cuidar apropriadamente das nossas feridas para que elas possam se curar, eventualmente teremos que lidar com suas secreções.

> Enquanto algumas feridas parecem se curar rápida e completamente dentro de uma estação da nossa vida, outras são curadas aos poucos, uma camada por vez.

Nossas feridas podem secretar medo, insegurança, vergonha, amargura, frustração ou raiva. Podem nos levar a reter amor, misericórdia, graça e perdão. Podem fazer com que nos isolemos e nos percamos. Podem nos levar a ignorar, a pensar demais, a passar da conta. Podem até nos levar a sentir-nos profundamente deprimidos, prontos para desistir, totalmente desprovidos de esperança.[20]

Foi o que aconteceu com Jen, uma amiga minha, durante um tempo em sua vida em que ela estava ferida e secretando — e isso aconteceu de um jeito que ela nunca tinha esperado, de um jeito muito fácil. Foi no início de sua carreira, quando ela era uma profissional jovem, recém-formada, ansiosa para agradar e aprendendo a lidar com os

20 Christine Caine, 20/20: Seen. Chosen. Sent. (Nashville: Lifeway, 2019), p. 89.

protocolos e a política no escritório. Ela tinha orado pelo emprego certo, pela posição certa, onde sua fé em Jesus pudesse brilhar. Quando Deus cumpriu os desejos de seu coração, ela ficou entusiasmada diante da possibilidade de ser uma luz para Cristo no mundo corporativo.

Logo após ser contratada, Jen conquistou o privilégio de fazer parte de uma equipe de marketing em que cada um tinha que fazer sua parte para que o grupo tivesse sucesso — e todos fizeram isso, exceto uma colega que sempre parecia encontrar um jeito de fazer apenas o bastante para se safar. Apenas o bastante para passar a impressão de que tinha trabalhado tanto quanto os demais.

Quando chegou a hora de promover um dos membros da equipe a líder de equipe, a "preguiçosa" foi escolhida. Palavras da Jen, não minhas. Sem saber como processar um golpe desse tipo, Jen teve dificuldades de compreender como ela tinha sido ignorada na promoção. Ela estava ferida. Irritada. Ofendida. Decepcionada. Ressentida. Jen sentiu de tudo. Ela tinha se esforçado muito e queria aquela promoção. Muito. Ela teria entendido se qualquer outra pessoa do time fosse escolhida. Teria ficado alegre por ela. Mas não pela preguiçosa. Ela simplesmente não conseguia.

Jen tinha orado por um emprego, e Deus tinha aberto as portas. Ele a tinha abençoado. Isso fazia com que essa situação parecesse ainda mais injusta. Essa era uma avaliação da qual Jen não conseguia se livrar. O que ela ainda não entendia, porém, era que essa era uma oportunidade de confiar em Deus. De confiar nele no emprego e nas oportunidades que Ele tinha dado a ela. De confiar nele com o coração dela. E o futuro dela.

Mas quanto mais ela remoía isso, mais sentia a dor de não ter sido escolhida. O que começou como uma picada, um arranhão ou um hematoma, aos poucos se transformou numa ferida que precisava ser tratada. Em sua decepção, ela começou a questionar Deus, a se afastar dele, a confiar menos nele. Talvez não conscientemente, mas, no fundo, ela não conseguia se reconciliar com o fato de Deus permitir que uma pessoa que ela considerava indigna fosse promovida antes dela. Mas em vez de convidar Deus para curar seu coração ferido, Jen simplesmente tentou não pensar na situação. Ela negligenciou seu coração e decidiu esquecer. Era o que ela sabia fazer, pois ninguém nunca tinha lhe ensinado a processar suas mágoas espiritualmente, de uma maneira que levasse à cura.

Quando Jen assumiu outro emprego, aquela ferida que foi por tanto tempo ignorada começou a produzir secreções que ela nunca teria imaginado. Sua pele estava um pouco mais grossa. Sua língua, um pouco mais afiada. Suas perspectivas, um pouco mais calejadas. Sua atitude era negativa. Ela se tornou a garota no escritório que julgava tudo e todos, que sentia que, de alguma forma, era responsabilidade dela apontar tudo e todos que estavam errados, que não conseguia celebrar nada que outros pudessem estar celebrando.

Até mesmo suas mídias sociais começaram a refletir suas secreções. Ela compartilhava citações de outros que refletiam a mesma negatividade que ela sentia, ou até usava suas próprias palavras para fazer julgamentos. As postagens de Jen serviam como plataforma para dar vazão à sua dor pessoal.

No nosso mundo Instagram, o que Jen fez era comum e fácil demais. Tenho certeza de que todos nós já postamos algo em algum momento ou outro sob o pretexto de sermos "autênticos e transparentes", quando, na verdade, isso era apenas uma cortina de fumaça para darmos vazão às nossas frustrações — que vinham de um lugar de dor e ferimentos. Segundo as minhas observações, quando isso acontece, em vez de espalharmos a bondade de Deus neste mundo, normalmente, aumentamos a fragmentação e a dor dentro de nós e dentro dos outros. Simplesmente sofremos mais em vez de curar. Eu sei porque eu mesma já fiz isso.

Em algumas ocasiões, quando postei algo durante um período difícil, amigos próximos que viram minhas postagens e sabiam que elas vinham de um lugar de dor me ligaram. Em amor, sugeriram que eu as retirasse, e eu segui seu conselho. É muito importante ter pessoas sólidas, leais e fiéis em nossa vida, que nos conhecem e nos amam o bastante para proteger-nos de nós mesmos. Descobri que o número de pessoas que Deus me permite ajudar é o mesmo número que posso ferir. Entendo que o que eu digo e posto importa. Aprendi a pensar e orar muito e intensamente antes de postar qualquer coisa, pois quero ajudar a curar as pessoas, e não agravar suas feridas já dolorosas. Além disso, às vezes, conseguimos enganar as pessoas sobre nossas intenções, mas nunca conseguimos enganar a Deus. Ele conhece e se importa com a intenção por trás das nossas palavras tanto quanto com as palavras em si. Afinal, foi Ele quem disse: "A boca fala do que está cheio o coração" (Mateus 12:34). Tudo isso era algo que Jen ainda deveria vir a entender, que, quando estamos feridos, secretamos, e que, quando secretamos, estamos à deriva — e, inevitavelmente, ferindo outras pessoas.

De algum jeito.

Logo após começar a trabalhar em seu novo emprego, Jen leu um artigo numa revista cristã que abriu seus olhos. Aquilo a ajudou a se ver como realmente era: uma pessoa ferida que estava secretando e ferindo outros; como cristã que amava a Deus de todo coração, mas que estava à deriva. Foi então que ela fez a única coisa que sabia fazer, que é o melhor primeiro passo que qualquer um de nós pode tomar: ela pediu ajuda ao Espírito Santo.

"Sei que parece loucura", ela disse, "mas até perceber que eu estava sofrendo, até pedir a que Deus me curasse e trabalhar para descobrir como eu tinha sido ferida, eu realmente achava que estava ajudando. Achava que estava espalhando sabedoria, e não comentários irritados. Mas eu estava dando conselhos ruins que vinham de um lugar profundamente enraizado em dor e em minhas próprias inseguranças. Eu fofocava. Analisava. Criticava. Até acusava. E é isso que fofoca realmente é: acusação. Eu cuspia veneno com tudo o que dizia. Eu causava problemas em todas as conversas. Eu era como um vazamento químico contaminando a todos que eu encontrava".

Que percepção. Minha querida amiga Lisa Harper tem dito com frequência que aquilo que não tratamos numa estação se estenderá até a próxima. Como é fácil fazer isso quando trocamos uma amizade por outra, uma igreja por outra, um relacionamento romântico por outro, um casamento por outro, ou até mesmo um voluntariado por outro. Como aconteceu com Jen, quando as feridas do passado não estiverem curadas, elas secretarão no nosso presente e nos levarão a espalhar toxicidade para todos em nossa volta.

Semelhante a Jen, quando era nova na minha carreira no ministério, eu também cometi erros. Eu estava aprendendo a seguir líderes com a maior fidelidade possível quando recebi uma equipe para liderar. Senti uma pressão imensa de não decepcionar ninguém. No início, senti a necessidade de provar meu valor aos meus líderes, de ser digna de sua confiança em mim, de executar com excelência cada tarefa que haviam me atribuído. Em relação à minha equipe, senti a pressão de provar que eu era digna de ser a líder deles, de empurrá-los na direção em que todos nós devíamos prosseguir, de garantir que alcançássemos nossos objetivos. E era uma equipe muito fiel. Todos trabalharam muito para cumprir minhas expectativas. Mas minha exuberância sincera ao liderar foi superada por meu desejo nada saudável de ser aceita, e eu exigi demais de todos, a ponto de ficarem exaustos. Frustrados. Eu exigia padrões impossíveis de mim mesma. Sentia que nada era o suficiente para mim, e acabei repassando isso para a minha equipe.

Ao longo do tempo, descobri que eu estava sendo impulsionada pelo desejo de aceitação. Eu havia sido chamada, mas estava ferida. E minha ferida secretava por toda parte. Eu secretava toxicidade, e ela se manifestava em minhas palavras, atitudes e reações a pessoas e situações. Parecia que eu não conseguia controlar minhas ações, e elas vazavam quando eu menos esperava. Eu reagia de forma péssima em várias ocasiões — em silêncio, verbal e emocionalmente.

Eu tinha me afastado tanto de onde Jesus queria que eu estivesse e tanto do padrão que ele estabeleceu quando disse:

> Vocês sabem que os governantes das nações as dominam, e as pessoas importantes exercem poder sobre elas. Não será assim entre vocês. Pelo contrário, quem quiser tornar-se importante entre vocês deverá ser servo, e quem quiser ser o primeiro deverá ser escravo; como o Filho do homem, que não veio para ser servido, mas para servir e dar a sua vida em resgate por muitos. (Mateus 20:25-28)

Eu me lembro de como a dor no meu coração se agravou quando finalmente reconheci meus erros e fiquei extremamente aborrecida e decepcionada comigo mesma. Senti-me desalentada. Até condenada. Muitas vezes, achava que Deus estava decepcionado comigo só porque eu estava, ou acreditava que Ele estava bravo comigo só porque eu estava. Mas, ao longo do tempo, aprendi a viver na graça dele e no amor do qual fala 1João 4:16. Pois a linda verdade, em meio a toda a dor, é que Ele me ama — e Ele ama Jen. E ele ama você. Ele nos ama com um amor eterno, com uma bondade que nunca falha (Jeremias 31:3).

Ao longo dos anos da minha vida, tenho observado que todos nós temos um calcanhar de Aquiles intrínseco — todos aqueles pontos de fraqueza que existem na nossa alma, não importa quão grande seja nossa força geral. Sou tão grata a Deus por expor minhas fraquezas e começar a me curar naqueles primeiros dias de ministério. Sou tão grata por Ele continuar a revelar meus lugares em que fui ferida. Definitivamente não estou tão curada a ponto de não precisar mais de Jesus. Quanto mais me aproximo dele, mais percebo que ainda tenho um longo caminho pela frente para me tornar semelhante a Ele. Na verdade, é minha total dependência dele que me permite continuar a crescer — e que impede que eu perca o rumo. É um mistério lindo que me ajuda a permanecer ancorada nele.

Com cada ferida, Deus me ensinou a perdoar mais e mais — outro passo essencial em direção à cura. Me ensinou a oferecer misericórdia e graça. A me tornar graciosa para com aqueles que eu não achava merecedores. Para com aqueles que, muito provavelmente, nunca nem pediriam por perdão. Ele me ensinou a viver as palavras do apóstolo Paulo, embora, de vez em quando, eu ainda não consiga fazê-lo perfeitamente: "Livrem-se de toda amargura, indignação e ira, gritaria e calúnia, bem como de toda a maldade. Sejam bondosos e compassivos uns para com os outros, perdoando-se mutuamente, assim como Deus perdoou vocês em Cristo" (Efésios 4:31-32; grifo meu).

Ele também ensinou isso a Jen.

Ainda hoje, ambas precisamos ser cuidadosas. Atentas. Prestando muita atenção ao estado do nosso coração e àquilo que sai da nossa boca para que não percamos o rumo novamente.

CURA É UM PROCESSO

Quaisquer que sejam as nossas feridas, é importante entender que, porque feridas não se inflamam de um dia para o outro, elas raramente curam de um dia para o outro. Cura leva tempo. É um processo. Semelhante a quando Nick e eu ficamos cuidando da ferida na perna dele. Sei que, em minha própria vida, raramente experienciei cura instantânea, mas há uma história no Evangelho de Marcos que sempre me encorajou na minha espera.

É uma história sobre um homem cego, que foi levado até Jesus em busca de ajuda, de cura. A história ocorre imediatamente após Jesus perguntar aos seus discípulos se eles tinham olhos, mas não conseguiam enxergar, se eles tinham ouvidos, mas não conseguiam ouvir (Marcos 8:18). Jesus curou o homem, mas não instantaneamente.

> Eles foram para Betsaida, e algumas pessoas trouxeram um cego a Jesus, suplicando-lhe que tocasse nele. Ele tomou o cego pela mão e o levou para fora do povoado. Depois de cuspir nos olhos do homem e impor-lhe as mãos, Jesus perguntou: "Você está vendo alguma coisa?". Ele levantou os olhos e disse: "Vejo pessoas; elas parecem árvores andando". Mais uma vez, Jesus colocou as mãos sobre os olhos do homem. Então seus olhos foram abertos, e sua vista lhe foi restaurada, e ele via tudo claramente. Jesus mandou-o para casa, dizendo: "Não entre no povoado!" (Marcos 8:22-26).

Essa história sempre me emociona. Eu tenho uma aversão séria a germes. Tanta aversão que sempre tenho álcool em gel ao alcance da minha mão — bem, quase sempre. E a ironia de eu me sentir assim e viajar pelo mundo afora é evidente. Então, a ideia de cuspir nos olhos de um homem sempre me causa certo desconforto.

O que é ainda mais estranho é que, depois de cuspir em seus olhos, Jesus colocou as mãos no homem e perguntou: "Você está vendo alguma coisa?" (v. 23).

Por que Jesus faria essa pergunta? Jesus não sabia se esse homem conseguia ver ou não? Ele não sabia se seu milagre tinha funcionado? Como poderia não ter funcionado? Afinal de contas, Ele é Deus, certo? Até a essa altura na Bíblia, milagres não tinham sido um problema.

Mesmo assim, Ele perguntou:

"Você está vendo alguma coisa?".

Quando o homem respondeu a Jesus, ele disse que via pessoas que pareciam árvores andando. Ele não estava completamente curado. O homem enxergava, mas não claramente. Ele via, mas tudo estava um pouco borrado. Ele via, mas não completamente.[21]

Não somos iguais? Não existem lugares em nossa vida onde nos encontramos em algum ponto entre a cegueira e a visão? Em algum ponto entre não curados e mais curados? Onde as coisas ainda estão um pouco borradas — e onde devemos perdoar mais? Ou mais uma vez?

No entanto, Jesus não nos deixa aí. Ele supervisiona nosso progresso. Ele cuida da nossa ferida. Ele nos convida a receber mais cura.

Quando me vi exposta como jovem líder que estava exigindo demais, eu poderia ter rejeitado a oportunidade que Deus estava me oferecendo. Eu poderia ter permanecido tóxica em vez de aceitar o convite de Deus de ser curada. Eu poderia ter jogado a culpa em alguém. Em qualquer um. Em qualquer coisa. Eu poderia ter jogado a culpa em todos e em cada evento relacionado com meu passado: naqueles que abusaram sexualmente de mim; nos meus pais adotivos por mentirem para mim sobre minha adoção; nas tradições gregas da minha família que prezavam o casamento e desvalorizavam a educação que eu buscava; ou em todos os erros que eu tinha cometido. Até mesmo os intencionais.

---

21 J. Josh Smith, "Seeing Jesus Clearly: A Sermon from Mark 8:22–33", *Southwestern Journal of Theology* 53 (primavera de 2011). Disponível em: https://preachingsource. com/journal/seeing-jesus-clearly-a-sermon-from-mark-8-22-33/.

Mas em vez de acusar, assumi outro risco e pedi que Deus me curasse. E, fiel a si mesmo, Ele sempre me mostrou um lugar em que eu precisava abrir mão de outra dor, em que eu precisava perdoar alguém e liberar esse perdão para que eu, também, pudesse estar livre (Gálatas 5:1).

Você consegue imaginar as consequências se eu tivesse decidido culpar e não perdoar — gastando minha vida como vítima? Imagino que eu nunca teria entrado no ministério de jovens tão cedo. Eu nunca teria conhecido Nick nem tido nossas lindas filhas. Não haveria nenhuma A21 para alcançar as vítimas do tráfico humano, não haveria nenhuma Propel Women para encorajar mulheres, não haveria ensino na TV e nenhum livro como este. Eu não teria como escrever sobre uma jornada de vulnerabilidade e vitória. Eu estaria presa num lugar em que nenhum de nós queria estar. Um lugar de acusação, e vergonha, e culpa, e raiva, e tantas outras coisas mais.

> Quando tiramos os olhos de Jesus, tudo que conseguimos ver é a ferida que dói ou as pessoas que causaram essa ferida. Então começamos a secretar — e a perder o rumo. Mas quando olhamos para Jesus, fixando nossos olhos nele, começamos a ser curado.

Sou grata pelo fato de que, embora nunca tenha sido fácil, sempre que reconheci que uma ferida pudesse estar secretando, eu pedi mais cura a Deus. Mais integridade. Mais entendimento. Mais sabedoria. Mais liberdade. Pois, como aprendi, sempre há mais.

Para mim, sempre que passei de uma fase da vida para a próxima, de uma iniciativa para a próxima — sempre que Deus pediu que eu alcançasse mais pessoas — apareceram feridas que eu desconhecia e que Deus queria curar. Isso aconteceu quando me casei, quando nossas filhas nasceram, quando iniciamos nosso próprio ministério e enquanto eu crescia no ministério ao longo dos anos. Isso aconteceu quando pessoas me machucaram, me abandonaram, me traíram, quando fracassei e cometi erros e até causei novas feridas em outros.

Onde você precisa de mais cura? Como o homem que Jesus curou, sempre podemos enxergar um pouco mais claramente. Como, então, é importante que olhemos para Jesus, para aquele que nos cura. Foi isso que o autor de Hebreus encorajou os primeiros cristãos a fazer. Ele os instruiu a fixarem seus olhos em Jesus, "autor e consumador" da sua fé (Hebreus 12:2). Quando tiramos os olhos de Jesus, tudo que conseguimos ver é a ferida que dói ou as pessoas que causaram essa ferida. Então começamos a secretar — e a perder o rumo. Mas quando olhamos para Jesus, fixando nossos olhos nele, começamos a ser curado. Começamos a ver claramente. Igual ao homem que Jesus curou.

O que comove meu coração ainda mais na história desse homem é que, quando Jesus lhe perguntou: "Você está vendo alguma coisa?", o homem foi honesto. Ele poderia ter se sentido intimidado, ter sentido a pressão de mostrar desempenho, de não querer envergonhar Jesus ou se expor como alguma versão de fracasso. Todos nós já sentimos a pressão de dizer sim a alguém num momento espiritual quando a verdade era que queríamos dizer não. Não seria maravilhoso se sentíssemos o amor, a graça e a liberdade para sempre sermos honestos — não importa quando? Sei que é isso que Jesus quer. Tenho certeza de que Jesus queria que aquele homem fosse assim — e ele foi. O homem não mentiu e disse sim; ele disse não. E Jesus colocou suas mãos nos olhos do homem mais uma vez. Parece que o homem também exerceu um papel em sua própria cura.

O que é interessante aqui é que Jesus curou alguém em duas fases, não em uma. A cura foi uma progressão, não uma mudança instantânea. O homem precisou ser honesto para que Jesus continuasse a operar em sua vida. Quantas vezes Deus nos curou primeiro internamente antes de ocorrer uma mudança grande na nossa vida externa? Acredito que haja algo em tudo isso que devemos entender melhor.

Sejamos honestos. Com Deus. Uns com os outros. E com nós mesmos. Se perdemos o rumo, se paramos de nos curar e começamos a secretar, devemos abrir a porta do nosso coração ferido e pedir que Jesus entre nele mais uma vez.

PARA DE SE CURAR E COMEÇA A SECRETAR

FIXE SEU OLHAR EM JESUS

Quando os versículos em Marcos 8 continuam, parece que a visão espiritual dos discípulos também começou a clarear, igual à vista do homem cego. Agora, eles eram capazes de ver algo espiritualmente que não tinham visto antes.

> Jesus e os seus discípulos dirigiram-se para os povoados nas proximidades de Cesareia de Filipe. No caminho, ele lhes perguntou: "Quem o povo diz que eu sou?" Eles responderam: "Alguns dizem que és João Batista; outros, Elias; e, ainda outros, um dos profetas". "E vocês?", perguntou ele. "Quem vocês dizem que eu sou?" Pedro respondeu: "Tu és o Cristo". Jesus os advertiu que não falassem a ninguém a seu respeito. (v. 27-30)

Eles tinham sido cegos. Agora conseguiam ver. Conseguiam entender, compreender e aceitar Jesus e quem Ele realmente era.

"Tu és o Cristo."

Não é isso que a cura produz na nossa vida? Maravilha diante de Jesus. Louvor renovado. Entendimento. Revelação. Vista. Liberdade — do passado, de ter de repetir antigos padrões de comportamento. Foi isso que a cura produziu na minha vida e na vida de Jen. Mas nosso aprendizado, cura e entendimento não terminaram. Ainda somos obras em progresso.

Todos nós somos, não somos?

Se continuássemos a ler todo o resto do evangelho de Marcos, o que viríamos a perceber é que, embora os discípulos tivessem reconhecido Jesus como o Cristo no capítulo 8, eles ainda não o viam tão claramente quanto o veriam quando Ele se tornou seu Salvador ressurreto.[22] Sua capacidade de ver e entender continuou a se desenvolver até o livro de Atos,

---

22 Smith.

quando começaram a fazer tudo para o qual Jesus os tinha salvo e enviado a fazer: ir e fazer discípulos (Mateus 28:19).

Nossa jornada de ver cada vez mais claramente — de ser curados de feridas do passado e de crescer em Cristo — é uma busca vitalícia. É uma jornada de retirar as camadas que a vida expõe e de ser honestos — conosco e com Deus — para que possamos ser curados. É um processo contínuo ao qual Deus quer que nos dediquemos. Quando estamos feridos, sensíveis ou tóxicos, irritáveis ou impacientes, amargurados ou negativos; quando estamos mental e emocionalmente em lugares em que nunca esperávamos estar, perguntando a Deus: como eu cheguei até aqui?, devemos reconhecer que estamos feridos, que estamos à deriva. E se não o vimos, sejamos abertos com o cônjuge, com um amigo confiável, ou com o colega que está apontando isso para nós. Então, de alguma forma, olhemos para Jesus e peçamos que Ele nos cure. Devemos pensar em pedir ajuda a um bom amigo, que orará por nós. Ou, se necessário, em buscar um aconselhamento cristão profissional. Às vezes, precisamos de ajuda, de uma ajuda que não encontramos dentro de nós mesmos nem no nosso círculo de amigos. Devemos assumir o compromisso de fazer o necessário para pararmos de secretar e começarmos a ser curados. Devemos perdoar a quem devemos perdoar e corrigir o que podemos. Fixemos nossos olhos em Jesus para que possamos permanecer no caminho, posicionados perfeitamente para cumprir todos os planos e propósitos que Deus tem para a nossa vida.

4

VOCÊ SABE QUE PERDEU O RUMO QUANDO

PARA DE SE PERGUNTAR
E COMEÇA A VAGAR

Nós nos perguntamos por que não temos fé; a resposta é: fé é confiança no caráter de Deus, e se não sabemos que tipo de Deus Deus é, não podemos ter fé.

— A. W. TOZER

"Chris, não entendo o que está acontecendo", Natalie disse calmamente, mas eu conseguia ouvir a tristeza em sua voz pelo telefone. "Duas das minhas amigas mais antigas, pessoas com que cresci, que frequentavam o grupo de jovens comigo, que até foram para a escola bíblica e serviram fielmente no ministério, estão se afastando de Deus. Estão literalmente abandonando a fé. Sei que elas enfrentaram desafios e que tiveram alguns anos difíceis, mas jamais teria esperado algo assim. Sempre achei que as duas eram cristãs mais fortes do que eu, pois fui eu que lutei com a minha fé quando éramos mais novas. Elas não. Elas permaneceram fortes quando eu estava passando por dificuldades na faculdade. Oraram comigo e por mim durante tantos desafios. Foram elas que me ofereceram apoio. Não consigo entender como alguém pode arder por Jesus, levar outros a Cristo e então passar para: 'Acho que não acredito mais em nada disso'."

Ao ouvir minha querida amiga entristecida por suas amigas de longa data, tentando encontrar um sentido em tudo aquilo, desesperadamente tentando entender o que estava acontecendo com elas, não pude evitar de sentir uma dor familiar. Em mais de trinta anos de ministério, eu também tive amigos que foram embora. Amigos com quem eu tinha crescido espiritualmente. Amigos que eu prezava e em quem confiava. Quando entreguei minha vida a Jesus, éramos um grupo inteiro de pessoas que iniciaram sua corrida juntas, mas, em algum momento ao longo do caminho, algumas desistiram. Lembro-me de me sentir igual a Natalie: surpresa, inconsolável, triste, tentando entender como isso tinha acontecido, perguntando a Deus como eu poderia ter intervindo.

"Elas estão questionando tudo em que acreditavam", Natalie continuou. "E, para ser honesta, tenho encontrado muitas pessoas assim nos últimos tempos. Poucos dias atrás, conheci uma mulher de trinta e poucos anos, da minha idade, e ela me disse que costumava ser cristã. Quando perguntei por que ela não era mais cristã, ela me contou sobre como tinha orado por anos pela conversão de sua mãe, mas quando a mãe morreu, ela tinha certeza de que sua mãe nunca chegou a aceitar Cristo. Ela disse que, depois de muita reflexão, simplesmente sabia que não conseguiria crer num Deus que mandaria alguém para o inferno, muito menos sua mãe, por quem ela tinha orado tanto. Eu quis dizer tantas coisas a ela! Eu poderia ter lhe dito muitas coisas, mas tudo o que pude fazer foi sentir sua dor e agitação.

Sei que, em minha própria vida, vi e passei por algumas coisas que me abalaram em meu âmago e me deixaram confusa e decepcionada", Natalie acrescentou, "mas mesmo nos momentos mais difíceis, posso afirmar honestamente que nunca cheguei a realmente questionar a existência de Deus nem pensei em abandonar a minha fé e afastar-me dele. Eu certamente questionei seus caminhos de vez em quando e relutei profundamente com resultados que não entendi ou senti que eram injustos e irresolvidos, mas como consegui me agarrar a Deus ao invés de abandoná-lo também? Ainda estou refletindo sobre isso, mas é tudo muito confuso.

Quando era mais nova, eu invejava tanto essas mesmas amigas quando se tratava de seu relacionamento com Deus! Eles confiavam nele com tanta facilidade em tantas coisas que não entendiam e prontamente dedicaram a totalidade de seu futuro a seguir seu chamado. Eu também queria honrar a Deus com a minha vida e aprofundar minha jornada com Ele, mas sempre parecia que cada passo de fé trazia consigo um milhão de perguntas novas e uma luta constante no meu coração e na minha mente. Não preciso dizer que sei muito bem o que é lutar com perguntas, confusão e até desilusão, mas vez após vez, de alguma forma, sempre acabei encontrando um lugar de paz, mesmo quando não tinha todas as respostas. E em alguns assuntos eu nunca recebi a resposta. Tenho sido capaz de continuar a confiar em Deus quando eu não entendia — e, é claro, também fiz um milhão de perguntas a você. Sei que minhas amigas também buscavam Deus; o que, então, aconteceu?"

Coloquei a bolsa e as chaves de volta na escrivaninha, ainda segurando o celular ao ouvido. Sentei-me em minha cadeira e me concentrei para dar todo o meu coração a Natalie. Sabia que ela estava pensando em voz alta, tentando organizar todas as informações e seu próprio coração.

"Sinto muito, Natalie", eu comecei. "Sei que isso dói profundamente. Você e suas amigas sempre foram muito próximas. Você conhece essas garotas há tanto tempo, e vocês compartilharam tudo umas com as outras. Vocês foram abençoadas por terem umas às outras em tantas estações, então sei que isso é difícil. Quando coisas assim acontecem, é um choque, especialmente quando parece que você foi pega de surpresa. Quando parece que algo que amávamos e prezávamos está sendo arrancado de nós. Não tenho respostas fáceis. Quando amigos meus se afastaram de Deus, senti tanta perda, tanta tristeza, mesmo quando permanecíamos em contato. Eu só queria correr até eles e ajudá-los a encontrar o caminho de volta. Meu coração se desespera ao pensar em como Deus se sente. Tive que confiar em Deus, sabendo que Ele os ama mais do que eu jamais seria capaz de amá-los. Que nada é grande demais para Ele e que nenhuma pessoa está afastada demais para que Ele não possa alcançá-la. Quando orava por eles, tive que entregá-los a Deus."

Enquanto Natalie e eu continuávamos conversando, organizando os sentimentos dela, ambas tentamos entender, embora não houvesse como saber o que tinha se passado no coração e na mente de suas amigas. Finalmente, eu disse o que nós duas precisávamos ouvir para ancorar nosso coração: "Nenhuma de nós sabe realmente como e por que qualquer uma dessas pessoas perdeu o rumo, mas como nós duas aprendemos ao longo da nossa vida, a melhor maneira de evitar que isso aconteça conosco é permanecer ancorado em Jesus — e quando descobrimos que estamos à deriva em alguma área, precisamos baixar a âncora mais uma vez. Aprofundar-nos em Deus. E, às vezes, isso envolve fazer todas as perguntas difíceis, como você está fazendo agora, e permitir que elas nos levem a nos aprofundar ainda mais nele. Ainda assim, estou ciente de que, quando algumas pessoas fazem essas perguntas, elas se movem na direção oposta. Elas se afastam de Deus. Por isso que é tão importante aprender o jeito certo de questionar as coisas e, então, saber lidar com todas as maneiras que Deus usa para nos responder, incluindo aquelas vezes em que Ele parece não dar resposta alguma".

O PODER DE LUTAR
COM NOSSAS PERGUNTAS

Não havia nada que eu queria fazer mais naquele dia do que consolar Natalie e ajudar suas amigas a encontrar o caminho de volta para Jesus. Mas eu conhecia Natalie. Ela oraria por suas amigas e pela mulher que acabara de conhecer. Estenderia a mão para elas. As ouviria. Ela se colocaria à disposição delas e faria tudo o que pudesse. Era ela — e não eu — a pessoa que Deus tinha colocado no caminho daquelas mulheres. Natalie era mais do que capaz de ajudá-las porque era uma mulher que tinha lutado com sua própria fé, que tinha aprendido a se ancorar em Jesus e permanecer ancorada para não perder o rumo.

Quando a conheci, Natalie estava no último ano da faculdade. Fiz uma palestra em sua igreja, e me lembro como depois ela se apresentou a mim e me contou o que estava estudando na escola. Ela falou, entre outras coisas, sobre seus sonhos de carreira e onde queria trabalhar, mas quando nos conhecemos melhor, o que mais chamou minha atenção foi sua paixão por Deus e sua sede insaciável de conhecê-lo melhor. Eu nunca tinha conhecido uma jovem com tantas perguntas sobre — bem, sobre tudo.

Embora não me lembre das perguntas específicas de Natalie naquela noite, lembro que conversamos durante muito tempo. É claro que ouvir perguntas sobre a Bíblia é uma ocorrência um tanto normal quando você faz o que eu faço. Ao longo dos anos, ouvi perguntas sobre todos os tipos de coisas, vindas tanto de fãs de curiosidades bíblicas como de céticos.

Minha pergunta favorita dos céticos que realmente fazem de tudo para resistir o máximo possível à crença em Deus é: "Deus é capaz de criar uma rocha tão pesada que Ele não consegue levantar?".

As crianças são mais engraçadas, é claro. São elas que perguntam: "Se havia apenas dois coelhos na arca, quantos coelhos havia 40 dias depois?". Esse é o momento em que começo a chamar pela mãe delas. Não ouso me meter numa discussão sobre reprodução com alunos do Ensino Fundamental.

Inevitavelmente, pelo menos uma ou duas vezes ao ano, alguém pede minha opinião sobre tatuagens e pergunta se eu tenho uma — e se tatuagens são bíblicas ou não. Para começo de conversa, eu não gosto de agulhas, e isso torna difícil eu mande alguém fazer uma tatuagem em mim. Além do mais, nunca entendi bem por que eu ter uma tatuagem ou não é tão importante.

Mas deixando as piadas de lado, o que mais lembro sobre as perguntas de Natalie foi reconhecer o quanto ela procurava entender a Palavra de Deus. A sinceridade dela me comovia. Ela estava faminta de conhecer melhor a Deus e compreender as profundezas de quem Ele é. Para ser honesta, era como se eu estivesse olhando para alguém que estava lutando como eu tinha lutado na idade dela. Ao longo dos meses seguintes, continuei a responder suas perguntas. Por meio de e-mails. Por meio de textos.

COMO EU CHEGUEI ATÉ AQUI?

Por meio de encontros pessoais quando eu fazia uma palestra numa igreja ou conferência próxima dela.

Natalie sempre me falava das suas amigas e de quantas delas se sentiam chamadas para o ministério — algo que cutucava seu coração de vez em quando, desde os dez anos, quando decidiu ser advogada. Como ela mesma me disse, sempre que assistia a *Matlock* ou *Law & Order*, ela simplesmente sabia que aquilo era o destino dela. Ainda assim, a ideia de trabalhar no ministério nunca foi embora.

Quando completou o Ensino Médio, Natalie estava tentando descobrir qual deveria ser o próximo passo em sua carreira. Ela queria estudar Direito, mas, ao mesmo tempo, sentia o desejo de entrar no ministério. Depois de me ouvir falar tanto da beleza de Sidney, com sua famosa casa de ópera, seu zoológico incrível, suas praias extensas e a linda ponte de Sydney Harbour, Natalie perguntou se poderia vir para cá e servir como estagiária conosco, para fazer um tipo de ano intermediário. A sede do nosso ministério ainda ficava em Sidney e ficamos muito animados em tê-la conosco enquanto ela decidia seu futuro. Sempre tivemos estagiários; Natalie foi uma das primeiras, e também participou das nossas pesquisas sobre tráfico humano antes de lançarmos a A21.

Enquanto esteve conosco, ela e Annie — que ainda faz parte da nossa equipe — fizeram uma viagem de reconhecimento por vários países da Ásia e da região do Pacífico. O que trouxeram dessa viagem tornou-se parte integral do trabalho da A21 naquela região anos depois. Quando seu ano em Sidney chegou ao fim, Natalie tinha lutado com tantas perguntas que, agora, estava mais confiante do que nunca em sua fé. Ela estava ancorada. Confiava plenamente em Deus e sabia o que Ele queria que ela fizesse. Ela voltou para casa e se preparou para estudar Direito.

Assim que começou, Deus uniu a paixão de Natalie pelo Direito com seu entendimento da questão global do tráfico humano. Tentando alcançar seus colegas de estudo, ela fundou, no campus, um grupo contra o tráfico humano, que teve um sucesso enorme e continua a ter um impacto duradouro sobre os alunos, a universidade e sua comunidade até hoje. Seu primeiro emprego depois da formatura a colocou no escritório do governador. Lá, ela foi capaz de ajudar a aprovar uma lei contra o tráfico humano — a primeira de seu tipo em seu estado natal. Nick e eu até participamos da assinatura da lei, celebrando com Natalie essa legislação pioneira. Desde então, Natalie tem continuado a trabalhar no governo de seu estado, lutando pelos direitos e pelo bem-estar de outros.

Sou grata por Natalie, por quem ela é e por aquilo que realizou, mas o que mais prezo é a amizade que temos até hoje — e as perguntas que ela continua a fazer.

PERGUNTE-ME — SOBRE QUALQUER COISA!

Quando Natalie me ligou naquele dia, desolada por causa de suas amigas que estavam se afastando de Deus, eu tinha acabado de me reunir com nosso mais novo grupo de estagiários no escritório na Califórnia — homens e mulheres jovens do mundo inteiro, inteligentes, criativos, apaixonados e ousados. A maioria era da mesma idade que Natalie tinha quando serviu como estagiária. Conhecê-los e acolhê-los é uma das coisas que mais amo fazer. Sempre fico muito impressionada com sua fé, alegria e otimismo e com seu desejo de fazer diferença neste mundo.

Durante o tempo que estão conosco, e sempre que estou no escritório, tento responder a qualquer pergunta que nossos estagiários podem ter — sobre qualquer coisa. Trabalho. Vida. Bíblia. Assuntos espirituais. Justiça social. Tráfico humano. Namoro. Eu sempre tento ser cupido para qualquer solteiro que queira se casar. Não tenho certeza se já consegui apresentar alguém ao seu futuro parceiro, mas, com o alcance das mídias sociais, continuo tentando. Certamente, algum dia, alguém dirá que conheceu sua esposa em um dos meus stories no Insta! Prometo que manterei você informado.

Falando sério agora, eu faço de tudo para encorajá-los a fazer perguntas para mim. Quero ouvir o que está na mente deles. O que os preocupa. Quais são suas lutas, suas esperanças e ambições. Quero descobrir o que estão enfrentando na cultura e em seu dia a dia. Descobri que esse contato é muito importante porque esses jovens estão enfrentando um mundo que eu não precisei enfrentar quando tinha a idade deles e estava começando minha carreira no ministério.

A mesma coisa eu faço com minhas filhas e as amigas delas. Várias vezes, quando elas estavam reunidas em volta da nossa ilha na cozinha ou enquanto eu as levava para o cinema, eu lhes disse: "Perguntem-me algo. Qualquer coisa". Normalmente, começa como uma brincadeira divertida, e nós rimos e fazemos piadas, mas logo aparece uma questão real que alguma delas ou alguém que conhecem está enfrentando. Então surgem perguntas sobre a Bíblia e a perspectiva de Deus sobre o que está acontecendo no nosso mundo de hoje. Essas perguntas me permitiram ver muito daquilo que ocorre na vida delas.

Fazer perguntas é ótimo. Desde que consigo me lembrar, eu sempre fui uma pessoa que faz perguntas. Tenho certeza de que a minha primeira palavra foi "Por quê?", e não o típico "mamãe" ou "papai".

Por alguma razão, nunca aceitei nada pelo que parecia ser e sempre questionei tudo. Até na escola eu fazia pergunta após pergunta, e continuo sendo essa garota. Em 2016, iniciei um curso de pós-graduação no Wheaton College para obter meu mestrado em evangelização e liderança. Faço parte de uma legião da Propel Women e tenho certeza de que ainda sou aquela que mais pergunta durante as aulas.

Nós lutamos com nossa fé e crescemos fazendo perguntas. É uma das maneiras de não perder o rumo. Como cristãos, professamos confiantemente que cremos em Deus, mas se não vivermos uma vida de desdobrar o que isso realmente significa, fazendo perguntas constantes e vasculhando a Bíblia à procura de mais perguntas, acabaremos dizendo que acreditamos em algo que nunca nos empenhamos em entender. Podemos até acabar colocando mais fé em nossos sentimentos do que na Palavra de Deus. Mais fé naquilo que conseguimos explicar. Mais fé naquilo que conseguimos prever e controlar. Podemos até acabar valorizando nossas perguntas mais do que as respostas, especialmente quando temos medo delas. Afinal de contas, respostas têm o potencial de exigir que prestemos contas e de nos responsabilizar por aquilo que elas revelam. Quando nos distraímos ou nos desviamos em nossa busca por respostas, é mais fácil desligar-nos da nossa fé, perder a âncora e sermos levados pelas correntes do nosso tempo, ficando à deriva em lugares que nunca imaginamos.

Fazer perguntas não é o que nos leva a perder o rumo. Quando estamos enfrentando uma crise, não é a crise que nos leva a ficar à deriva. É o que fazemos com nossas perguntas e com as crises que faz a diferença. Jesus é a âncora da nossa alma, e desligar-nos da nossa âncora — especialmente durante a busca por respostas às nossas perguntas — é o que nos deixa à deriva.

Jesus quer que perguntemos, mas não que vaguemos. Ele quer que perguntemos — que façamos todas as perguntas que surgem em nosso coração e nossa mente —, mas não que vaguemos para longe dele enquanto nos perguntamos.

Quando temos perguntas, Deus quer que busquemos respostas em sua Palavra, perguntando diretamente a Ele em oração, em estudos bíblicos e em livros como este, e em conversas com cristãos ancorados em Jesus. Sempre que tive perguntas, em cada idade e cada fase da minha jornada, recorri aos recursos que estavam à minha disposição.

> **Deus quer que tenhamos as conversas certas com as pessoas certas para que cheguemos ao lugar certo, especialmente quando nossas perguntas nos levam a questionar Deus.**

Minha volta para a faculdade na pós-graduação é uma parte importante disso também, pois há tantas perguntas a serem feitas e tantas respostas a serem encontradas. Tenho conversado com amigos e líderes confiáveis. Tenho procurado mulheres mais maduras do que eu, ou já mais avançadas no caminho do que eu. Quero a sabedoria que, segundo a Bíblia, pode ser encontrada em muitos conselheiros (Provérbios 11:14). Deus quer que tenhamos as conversas certas com as pessoas certas para que cheguemos ao lugar certo, especialmente quando nossas perguntas nos levam a questionar Deus.

Em nossa busca por respostas, é importante não nos perdermos naquilo que a Bíblia descreve como discurso sem sentido ou discussões inférteis (1Timóteo 1:6). Deus não quer que nos percamos em debates tolos (Tito 3:9). Ele não quer que sejamos arrastados por uma subcorrente de filosofias vazias. Deus quer que, em vez disso, busquemos conselhos cristãos sábios e que ouçamos esses conselhos, mesmo que — e especialmente quando — eles nos digam algo que achamos difícil de aceitar. Ousar perguntar alguém que ofereça alguma resistência e que nos dê um conselho que corrige o nosso curso é buscar a Deus de verdade. Quando rejeitamos um conselho sábio, argumentando contra ele, devemos reconhecer isso como um sinal de que já estamos à deriva. Deus quer que encontremos as vozes certas para falarem em nossa vida. Vozes diferentes das tendências culturais atuais. Vozes diferentes da nossa. Vozes que falam a verdade de Deus, e não aquelas que oferecem seus próprios pensamentos. Vozes que dizem: "Vamos avaliar isso segundo aquilo que Deus tem a dizer". E quando essas vozes falam a verdade, Ele quer que nós as levemos a sério.

Entendo que, quando buscamos respostas, sempre haverá situações que não podemos explicar, em que teremos de andar pela fé, e não pela vista (2Coríntios 5:7). Em que teremos de confiar em Deus com todo o nosso coração, e não em nosso próprio entendimento (Provérbios 3:5).

Passei por milhares de situações assim na minha vida. Situações em que fui machucada. Em que fui traída. Em que fui decepcionada ou desiludida. Em que falhei e as coisas não aconteceram como eu tinha esperado ou planejado. Em que pessoas que eu amava morreram cedo demais. Em que surgiram tempestades. Em que vieram doenças. Em todas essas situações, tive de continuar confiando no caráter de Deus. Tive de abraçar o mistério da fé. Tive de aceitar que, como Paulo escreveu aos coríntios, sempre haverá coisas que talvez nunca consigamos enxergar claramente deste lado da eternidade e que, enquanto estivermos nesta terra, só as entenderemos parcialmente (1Coríntios 13:9).

Em outras palavras, sempre haverá muitas perguntas para as quais você e eu nunca teremos uma resposta. Ainda assim, Deus quer que façamos nossas perguntas. Ele quer que ousemos acreditar que não existe pergunta grande demais para Ele. Não há nada que possamos perguntar que o deixe chocado, afinal de contas, Ele é Deus. E mesmo quando recebemos as respostas, Ele ainda assim quer que depositemos a nossa fé, a nossa confiança nele — e não nas respostas e nem em nosso entendimento. Respostas ajudam, mas não são a nossa fonte de esperança. Ele é. Quando entendemos e quando não entendemos.

Jesus foi o modelo do valor inerente a fazer perguntas ao fazê-las Ele mesmo. Quando estava prestes a curar alguém, muitas vezes Ele perguntava: "Você quer ser curado?" (João 5:6). Aos dois homens cegos, Ele perguntou: "O que vocês querem que eu lhes faça?" (Mateus 20:32). No caso da mulher que sofria de hemorragia e que tocou na borda do seu manto, Ele se virou e perguntou: "Quem tocou em mim?" (Lucas 8:45).

Quando Jesus ensinava, muitas vezes suas perguntas pareciam indicar uma verdade poderosa sobre a qual Ele estava prestes a abordar ou servia como conclusão de uma verdade que acabara de ensinar: "Quem de vocês, por mais que se preocupe, pode acrescentar uma hora que seja à sua vida?" (Mateus 6:27). "Por que você repara no cisco que está no olho do seu irmão, e não se dá conta da viga que está em seu próprio olho?" (Mateus 7:3). "O sal é bom, mas se deixar de ser salgado, como restaurar o seu sabor?" (Marcos 9:50; veja também Lucas 14:34).

A Bíblia contém mais de três mil perguntas no total.[23] Além das perguntas que Jesus fez, ela está repleta de casos em que pessoas levam suas perguntas até Deus. Perguntando sobre o nome de Deus, Moisés quis saber: "Que lhes direi?" (Êxodo 3:13). No Novo Testamento, as pessoas faziam perguntas do tipo:

- "Por que falas ao povo por parábolas?" (Mateus 13:10).
- "Senhor, quantas vezes deverei perdoar a meu irmão quando ele pecar contra mim?" (Mateus 18:21).

---

23 "What Are the Most Famous/Important Questions in the Bible?" Got Questions. Disponível em: https://www.gotquestions.org/questions-in-the-Bible.html; Doug Andre, "The Most Important Question in the Bible", Unlocking the Bible, 6 de janeiro de 2016. Disponível em: https://unlockingthebible.org/2016/01/the-most-important-question-in-the-bible/.

- "Neste caso, quem pode ser salvo?" (Marcos 10:26).
- "Bom Mestre, que farei para herdar a vida eterna?" (Lucas 18:18).
- "Acaso o senhor é maior do que o nosso pai Jacó?" (João 4:12).
- "Mestre, quem pecou: este homem ou seus pais, para que ele nascesse cego?" (João 9:2).

Vir para diante de Deus com as nossas perguntas é parte de como fazemos da nossa fé a nossa fé. É como nós nos aproximamos dele e o conhecemos melhor. É como aprendemos a permanecer ancorados, mesmo quando os ventos estão soprando e as ondas estão nos assaltando. Mesmo quando as subcorrentes estão ficando fortes. Enterrar a nossa âncora cada vez mais fundo é como impedimos que sejamos desconectados da nossa fé, sendo levados para lugares para os quais nunca quisemos ir.

ONDE VOCÊ BAIXOU A SUA ÂNCORA?

Pode ser difícil permanecer ancorado enquanto você luta com perguntas honestas. Parece que em cada geração há questões que resultam das mudanças nas correntes da atualidade. Questões que levam a perguntas com as quais realmente devemos lutar, mas que também podem nos afastar de Deus se não tivermos cuidado. Assim, ao mesmo tempo em que é importante fazer as perguntas que surgem, também devemos nos lembrar de que, não importa qual seja a grande questão de hoje, ela não será a grande questão de amanhã, pois o amanhã terá questões novas. Só Jesus permanece o mesmo ontem, hoje e sempre, e por isso é importante fazer dele a nossa âncora, para que não sejamos arrastados pelas questões.

Entendo como a luta para encontrar coerência entre ciência e criação, entre história mundial e relatos bíblicos, entre mortalidade e vida eterna pode ser algo perturbador. Em nossa busca pela verdade, é tentador desistir precipitadamente e perder o que Deus quer que descubramos, mas não é isso o que devemos fazer. Independente de quantas perguntas façamos ou de quantas pesquisas realizemos, devemos sempre manter nossos olhos fixos em Jesus. No fim, fé é fé. Sempre haverá respostas que devemos aceitar, mesmo que não queiramos ouvi-las. E sempre haverá respostas que talvez nunca entendamos — pelo menos não até estarmos do outro lado da eternidade, na presença daquele que tudo sabe. No meio tempo, devemos perguntar a nós mesmos: Conseguimos confiar quando não entendemos? Conseguimos acreditar quando não entendemos? E mesmo quando recebermos respostas, quando crescermos no nosso entendimento, continuaremos comprometidos, confiando nele, tendo fé nele e, vendo as respostas como ajuda, e não como esperança?

Não consigo deixar de pensar nas amigas de Natalie. Com quais questões elas estavam lutando quando decidiram se afastar? Será que elas fixaram sua âncora em algo que não era Deus nem a sua Palavra? Elas se perderam na cultura do cristianismo em vez de realmente conhecerem Cristo? Em que ponto de sua jornada elas pararam de fazer perguntas do tipo que nos aproximam ainda mais de Deus e não nos afastam dele?

Não tenho como saber. Mas fico me perguntando: talvez elas não tenham lutado o bastante mais cedo em sua jornada com Cristo. Talvez não tenham feito perguntas suficientes. Especialmente as difíceis. Ou talvez tenham feito tudo isso e, quando ouviram a resposta, não quiseram aceitá-la. Isso também acontece.

O MOTIVO DAS NOSSAS PERGUNTAS

Às vezes, quando fazemos perguntas, ouvimos as respostas, mas não queremos encará-las. Elas parecem difíceis demais de integrar na nossa vida ou nas nossas crenças atuais. Talvez fiquemos presos num lugar entre as nossas próprias experiências e como Deus está nos guiando. Tenho lido a Palavra de Deus muitas vezes e senti que ela começou a agitar meu coração. Senti-me cutucada pelo Espírito Santo quando Ele iluminava a verdade de uma passagem das Escrituras para mim. Sempre que isso acontece, eu me conscientizo de como Deus queria que eu crescesse em minha fé ou de uma mudança que Ele queria que eu fizesse. Não foi isso que aconteceu quando Deus começou a falar comigo a partir de Hebreus? Preste atenção para que você não perca o rumo.

Toda vez que Deus me cutucou, eu me conscientizei de que posso prestar ainda mais atenção. Posso acreditar nele e me apoiar ainda mais nele, ou posso ignorar sua liderança. Posso categorizar suas respostas como difíceis demais e não aceitá-las. Posso fixar ainda mais a minha âncora ou começar a levantá-la. Quando obedecemos a Deus, quando reagimos à liderança do seu Espírito, nossa âncora permanece. Ela se torna ainda mais segura. Mas quando desobedecemos, quando ignoramos ou não levamos a sério a liderança do Espírito, começamos a levantar âncora. E quando fazemos isso, acabamos ficando à deriva naquela área da vida.

Deus quer que façamos perguntas, e Ele quer que essas perguntas nos aproximem ainda mais dele. Quando isso não acontece, às vezes, a razão pode ser encontrada quando analisamos os motivos das nossas perguntas. Estamos querendo crescer ou não? Estamos dispostos a aceitar a verdade ou não? Estamos dispostos a corrigir o curso em áreas que Deus nos revela que nos desviamos do curso ou não?

Quando quis tocar o sino, fiquei abalada ao perceber que eu estava à deriva. Foi assustador me ver naquele lugar. Mas Deus estava sendo misericordioso comigo. Ele estava me oferecendo graça. Ao mostrar-me onde eu não estava ancorada, Ele estava me convidando a me aprofundar.

Há uma história em João 6 que ilustra isso muito bem. Ela se estende pelo capítulo inteiro, por isso farei um resumo dos vinte primeiros versículos. Jesus havia curado muitos enfermos, por isso, multidões de pessoas passaram a segui-lo. Certo dia, Ele e cerca de vinte mil pessoas, entre homens, mulheres e crianças, alcançaram uma colina. Como a multidão tinha fome, Jesus realizou um milagre e alimentou todas aquelas pessoas ao multiplicar o lanche de um garoto — cinco pães e dois peixes. Quando viram o milagre que Jesus tinha operado, todos ficaram fascinados e queriam exaltá-lo, coroá-lo como Rei e segui-lo até Jerusalém para derrubar Roma.

Conhecendo suas intenções, Jesus se afastou. Mais tarde, naquela noite, quando seus discípulos estavam atravessando do mar da Galileia em um barco, Ele andou sobre a água e se juntou a eles. Na manhã seguinte, a multidão na colina viu que Jesus não estava entre eles, então entraram em seus próprios barcos e atravessaram o mar da Galileia até Cafarnaum à sua procura (v. 24).

Os versículos restantes do capítulo mostram uma conversa entre Jesus e as pessoas na sinagoga de Cafarnaum. Quando Jesus chegou, as pessoas começaram a lhe fazer perguntas, às quais Ele respondeu, dizendo: "A verdade é que vocês estão me procurando, não porque viram os sinais miraculosos, mas porque comeram os pães e ficaram satisfeitos. Não trabalhem pela comida que se estraga, mas pela comida que permanece para a vida eterna, a qual o Filho do homem lhes dará. Deus, o Pai, nele colocou o seu selo de aprovação" (v. 26-27).

Então, eles perguntaram: "O que precisamos fazer para realizar as obras que Deus requer?" (v. 28).

Jesus respondeu: "A obra de Deus é esta: crer naquele que Ele enviou" (v. 29).

Então as pessoas insistiram ainda mais, perguntando que tipo de sinal Ele faria para que pudessem crer. Mencionaram como Deus deu maná aos filhos de Israel no deserto (v. 30-31).

O que percebo nessa passagem até agora é que as pessoas estavam fazendo perguntas, mas o tom adotado não parecia indicar que elas queriam aprender algo. Que queriam se aprofundar. Que queriam realmente lutar com sua fé vindo de um lugar de humildade. Em vez disso, elas estavam perguntando com suspeita e hostilidade, o que é mais do que simplesmente fazer perguntas. É duvidar. E duvidar envolve julgamento sobre o caráter de Deus. Duvidar é uma acusação, e não uma busca genuína de entendimento — não vem de um lugar de confiar na bondade do Senhor.

Ainda assim, Jesus respondeu e começou a explicar como Ele é o Pão da Vida: "Digo-lhes a verdade: Não foi Moisés quem lhes deu pão do céu, mas é meu Pai quem lhes dá o verdadeiro pão do céu. Pois o pão de Deus é aquele que desceu do céu e dá vida ao mundo" (v. 32-33).

As pessoas responderam exigindo que Ele lhes desse pão mesmo assim. Jesus continuou:

COMO EU CHEGUEI ATÉ AQUI?

> Eu sou o pão da vida. Aquele que vem a mim nunca terá fome; aquele que crê em mim nunca terá sede. Mas, como eu lhes disse, vocês me viram, mas ainda não creem. Todo o que o Pai me der virá a mim, e quem vier a mim eu jamais rejeitarei. Pois desci do céu, não para fazer a minha vontade, mas para fazer a vontade daquele que me enviou. E esta é a vontade daquele que me enviou: que eu não perca nenhum dos que ele me deu, mas os ressuscite no último dia. Porque a vontade de meu Pai é que todo o que olhar para o Filho e nele crer tenha a vida eterna, e eu o ressuscitarei no último dia. (v. 35-40)

Então os judeus começaram a reclamar e criticar Jesus. Eventualmente, Ele ordenou que parassem de reclamar e disse:

> Asseguro-lhes que aquele que crê tem a vida eterna. Eu sou o pão da vida. Os seus antepassados comeram o maná no deserto, mas morreram. Todavia, aqui está o pão que desce do céu, para que não morra quem dele comer. Eu sou o pão vivo que desceu do céu. Se alguém comer deste pão, viverá para sempre. Este pão é a minha carne, que eu darei pela vida do mundo. (v. 47-51)

Ainda assim, os judeus argumentaram: "Como pode este homem nos oferecer a sua carne para comermos" (v. 52).

Eles estavam entendendo Jesus de uma forma completamente equivocada, mas Ele continuou falando.

> Eu lhes digo a verdade: Se vocês não comerem a carne do Filho do homem e não beberem o seu sangue, não terão vida em si mesmos. Todo o que come a minha carne e bebe o meu sangue tem a vida eterna, e eu o ressuscitarei no último dia. Pois a minha carne é verdadeira comida e o meu sangue é verdadeira bebida. Todo o que come a minha carne e bebe o meu sangue permanece em mim e eu nele. Da mesma forma como o Pai que

vive me enviou e eu vivo por causa do Pai, assim aquele que se alimenta de mim viverá por minha causa. Este é o pão que desceu do céu. Os antepassados de vocês comeram o maná e morreram, mas aquele que se alimenta deste pão viverá para sempre. (v. 53-58)

Jesus disse que Ele era o Pão da Vida e que aquele que vem a Ele jamais terá fome. Tudo o que as pessoas deviam fazer era acreditar em Jesus, mas para elas, o que Ele disse era difícil demais. Seu ensinamento soava duro, perturbador, até blasfemo. Comer sua carne e beber seu sangue lhes parecia uma religião canibal — algo que sabiam que acontecera historicamente. Eles, porém, não estavam entendendo aquela mensagem.

A multidão que seguia Jesus se sentiu atraída por Ele, mas por todos os motivos errados. As pessoas não o reconheciam como Filho de Deus, como Pão da Vida, mas como um milagreiro que podia lhes servir o almoço. Eram tão míopes! E a falta de entendimento do povo só expunha o quão longe de Deus eles estavam.

As pessoas acreditavam naquilo que Jesus poderia fazer por elas, mas não em quem Ele era. Aparentemente, estavam buscando-o, até seguindo-o da colina e atravessando o mar da Galileia, mas não estavam ancoradas na revelação de quem Ele era. Eram seguidores com uma atitude falha.

Bem no início de seu discurso, Jesus disse: "A obra de Deus é esta: crer naquele que ele enviou" (v. 29).

Jesus estava convidando as pessoas a acreditarem nele e permitirem que sua vida se entrelaçasse com Ele. Não era um convite para as pessoas obedecerem regras religiosas e agirem mecanicamente indo à igreja e lendo a Bíblia, mas para serem consumidas. Para acreditarem. Para terem fé. Contudo, em vez de passarem por uma mudança de atitude, elas rejeitaram seu convite: "Ao ouvirem isso, muitos dos seus discípulos disseram: 'Dura é essa palavra. Quem consegue ouvi-la?'" (v. 60).

Sabendo que estavam reclamando de novo, Jesus perguntou:

COMO EU CHEGUEI ATÉ AQUI?

Isso os escandaliza? Que acontecerá se vocês virem o Filho do homem subir para onde estava antes! O Espírito dá vida; a carne não produz nada que se aproveite. As palavras que eu lhes disse são espírito e vida. Contudo, há alguns de vocês que não creem. [...] É por isso que eu lhes disse que ninguém pode vir a mim, a não ser que isto lhe seja dado pelo Pai. (v. 61-65)

A Bíblia nos diz que "daquela hora em diante, muitos dos seus discípulos voltaram atrás e deixaram de segui-lo" (v. 66).

Jesus perdeu seguidores — muito antes de você e eu existirmos. Muito antes do advento das mídias sociais e das amizades virtuais. A multidão obcecada com ele, que aparentava querer segui-lo para onde quer que fosse, que queria fazer dele o Rei Jesus, foi embora.

Quando fizeram perguntas e Jesus lhes respondeu, e essa resposta envolveu Jesus estabelecendo uma condição que exigia mais confiança e mais fé do que entendimento, as pessoas foram embora. Elas deixaram de seguir Jesus.

Quando a multidão se afastou, Ele se voltou para os doze discípulos que restavam e perguntou: "Vocês também não querem ir?" (v. 67). Simão Pedro foi o primeiro a responder: "Senhor, para quem iremos? Tu tens as palavras de vida eterna. Nós cremos e sabemos que és o Santo de Deus" (v. 68-69).

É como se eu pudesse ouvir o coração de Jesus se partir quando Ele perguntou: "Vocês também não querem ir?".

Sou tão grata por Pedro ter feito a conexão entre as palavras de Jesus e o próprio Jesus. Sua resposta foi notável. Um poderoso ato de fé.

"Senhor, para quem iremos?"

Respostas verdadeiras às nossas perguntas sempre serão encontradas em Jesus. E se permitirmos que elas nos aproximem ainda mais dele, sempre permaneceremos ancorados nele. Mas depois de trinta anos, posso lhe garantir — mesmo quando me senti tropeçando no escuro, despida de entendimento; mesmo quando Ele me curou de uma coisa, mas não de outra; mesmo quando chorei, desesperada por respostas, só para ouvir silêncio — que eu nunca fui capaz de ir embora. Mesmo quando estive exausta, cansada e prestes a desistir, eu não consegui. Mesmo quando estive decepcionada, desorientada e desestabilizada, eu não consegui. Mesmo quando quis tocar o sino, por mais que achasse que queria, eu não consegui.

As palavras do antigo hino "I Have Decided to Follow Jesus" [Decidi seguir Jesus] declaram isso e continuam sendo o hino da minha alma:

Decidi seguir Jesus.

Decidi seguir Jesus.

Decidi seguir Jesus.

Não darei meia-volta, não darei meia-volta.

Mesmo que ninguém me acompanhe, ainda assim seguirei...

O mundo atrás de mim, a cruz à minha frente...

Não importa o que eu tenha enfrentado na vida, no fim, nunca consegui deixar de seguir Jesus, pois não existe ninguém igual a Ele. Não existe outra pessoa, outro sistema de crenças, outra religião, outra filosofia ou causa que consiga fazer o que Jesus faz.

Não existe outro Salvador.

Não existe outro Senhor.

Não existe outra âncora para a minha alma.

Sinto-me como Pedro se sentiu: "Senhor, para quem iremos?".

Estou ciente de que...

- Se eu quero que meus pecados sejam perdoados, para quem mais posso ir?
- Se eu quero vida eterna, para quem mais posso ir?
- Se eu quero que minha culpa seja removida, para quem mais posso ir?

- Se eu quero que meus fardos sejam aliviados, para quem mais posso ir?
- Se eu quero encontrar um propósito duradouro na vida, para quem mais posso ir?
- Se eu quero encontrar esperança na vida, para quem mais posso ir?
- Se eu quero ser amada plenamente, para quem mais posso ir?
- Se eu quero ser vista e conhecida totalmente, para quem mais posso ir?
- Se eu quero liberdade, para quem mais posso ir?

Para ninguém.

Nunca deixarei de fazer perguntas, e quando não receber as respostas que espero, ainda assim prefiro ter Jesus a ter respostas.

Seguir a Deus sempre exigirá fé, e fé genuína em Deus não pode ir embora. Sempre haverá coisas que não conseguimos desvendar, que não entendemos e para as quais talvez nunca recebamos uma resposta, mas nosso pior dia com Jesus sempre será melhor do que nosso melhor dia sem Ele. Tenho certeza disso. Jesus é o prêmio.

É preciso ter fé para continuar seguindo Jesus.

É preciso ter fé para confiar quando não entendemos.

É preciso ter fé para permanecer obediente.

É preciso ter fé para viver ao contrário dos padrões do mundo.

É preciso ter fé para lidar com decepção, desencorajamento e desilusão.

É preciso ter fé para lidar com a injustiça e o sofrimento no nosso mundo.

É preciso ter fé para resistir à ridicularização e acusação.

É preciso ter fé para se levantar e continuar quando falhamos ou cometemos um erro.

É preciso ter fé para ser uma testemunha de Cristo.

É preciso ter fé para se agarrar à verdade de que Deus é bom quando a vida não é.

É preciso ter fé para continuar seguindo quando não sabemos para onde estamos indo.

É preciso ter fé para continuar crendo quando estamos cheios de descrença.

É preciso ter fé para permanecer forte e corajoso.

É preciso ter fé para permanecer leal.

É preciso ter fé para viver com propósito e continuar focado na missão.

É preciso ter fé para perguntar e não vagar.

É preciso ter fé para permanecer ancorado em Jesus e não ficar à deriva.

É preciso ter fé para nunca ir embora. Aconteça o que acontecer.

E para onde iríamos?

Sempre haverá coisas que não conseguimos desvendar, que não entendemos e para as quais talvez nunca recebamos uma resposta, mas nosso pior dia com Jesus sempre será melhor do que nosso melhor dia sem Ele.

5

VOCÊ SABE QUE PERDEU O RUMO QUANDO

PARA DE ORAR
E COMEÇA A FALAR

Oração é tão necessária quanto o ar, quanto o sangue em nosso corpo, como qualquer coisa que nos mantém vivos — que nos mantém vivos para a graça de Deus.

— MADRE TERESA

"Vejo um homem, um dos nossos, mas não. Que está próximo, mas é de longe. Um homem com grande fortuna. Ele é para você, Christina. É exatamente o que você precisa. E ele também não parece se importar com a sua idade. Isso é bom para você, não é?"

Tudo o que pude fazer foi virar minha cabeça para escapar do olhar interrogativo da minha tia e revirar os olhos. Theía Maria me via casada na borra de seu café desde os meus quinze anos de idade, e embora minha mãe e todas as minhas outras tias sempre se mostrassem impressionadas com a seriedade com que ela tratava suas borras, ouvindo atentamente cada palavra que saía da sua boca, desesperadas em acreditar naquilo que ela via nas formas e nos padrões que se agarravam às laterais de sua xícara, ela nunca acertou uma única previsão. Na época, eu tinha 26 anos de idade, e desde que conseguia me lembrar ela estivera mexendo a sua xícara para que as borras de café lhe revelassem o futuro.

"Permita que o café fale com você", ela dizia, sempre baixando a voz para acrescentar um ar de mistério. Durante décadas, Theía Maria tinha predito a data de nascimento de cada bebê e o sexo que ele teria, quem encontraria qual emprego e quem se casaria com quem — e nunca, nem uma única vez, ela acertou em cheio. É claro que ela sempre tinha alguma explicação para o erro, reinterpretando o que as imagens na borra do café realmente significavam, e o resto da família aceitava a explicação respeitosamente, mas eu não conseguia. Eu nunca pensei em questioná--la, mas, depois de crescer, percebi que havia algo de errado nisso e que o "dom" de Theía Maria não era exatamente o que todos acreditavam ser. Ainda assim, eu nunca teria verbalizado minhas dúvidas, principalmente em respeito à minha mãe.

A previsão de hoje não era nenhuma surpresa. Desde que eu tinha cancelado o noivado que meus pais tinham arranjado para mim quando eu tinha 18 anos de idade — porque preferia ir à faculdade, porque os pais do meu noivo vieram falar comigo e me deram um ultimato, porque uma boa moça grega não podia ter uma formação melhor do que seu marido —, eu me tornei o foco místico das leituras falhas de Theía Maria. Na verdade, eu tinha me transformado no maior problema a ser resolvido e que minhas tias já tinham enfrentado em toda a sua vida.

Durante os últimos anos, em cada reunião de família — que sempre incluíam mais tias, tios e primos do que cabiam em qualquer casa —, as tias se reuniam na sala de jantar ou em torno da mesa da cozinha para discutir a vida de cada um. Não sua própria vida, é claro, mas a de todos os outros, especialmente a minha. Não havia nada pior do que ir até a cozinha para pegar mais um pouquinho de baklava e ouvir meu nome e a conversa sobre a minha "luta" na vida.

PARA DE ORAR E COMEÇA A FALAR

Minha "luta" era que, de acordo com os padrões para uma boa moça grega, eu era velha. Muito velha. Tão velha que era improvável que alguém quisesse se casar comigo. Isso era extremamente angustiante para a minha mãe. Ela nunca conseguira me entender nem descobrir o que fazer comigo, pois eu não tinha sido nada convencional desde o início. Quando ela queria que eu aprendesse a cozinhar, eu me escondia num canto para ler um livro. Quando queria que eu fizesse aulas de balé, eu preferia jogar futebol com os meninos. Quando queria que eu me sentasse e ficasse calada, eu preferia ser uma líder — na escola, entre todas as minhas amigas, onde quer que eu estivesse.

Mamãe queria que eu me adaptasse, pois uma boa moça grega era vista, e não ouvida. Mas eu tinha uma voz e, como as tias, não tinha medo de usá-la. Só que eu não a usava — e nenhum dos atributos que Deus tinha me dado — da forma como elas esperavam. Nisso estavam contidos todos os desafios e a razão pela qual minhas tias decidiram salvar a minha vida — mesmo que com uma borra de café defeituosa.

Theía Maria tinha acabado de fazer sua previsão sobre o meu futuro, quando todas elas, em uníssono, lançaram todos os seus desejos e superstições em minha direção, imitando o barulho de cuspe.

Embora nenhuma gota do cuspe caísse em mim, cuspir era o jeito delas de selar o trato, de afastar o maligno que não queriam que me atacasse. Elas estavam desesperadas para me ver casada, e, de alguma forma, essa bobagem era a maneira de me levar ao altar e garantir que eu tivesse bebês. Muitos bebês. Afinal, era isso que uma boa moça grega fazia.

Eu nunca sabia se devia rir histericamente ou chorar diante da mágoa que sentia pelo fato de todas as mulheres adultas em minha família acharem que a validade do meu ovário já tinha vencido. Para sempre. Mas, é claro, novamente por respeito à minha mãe, não fiz uma nem outra coisa. Éramos gregas. E era assim que as coisas sempre tinham sido. Barulhentas. Loucas. Supersticiosas. Religiosas. Com muita comida. E cuspe. Sempre cuspe.

Vários anos depois, quando finalmente me casei, Theía Maria, como todas as outras tias, se sentiu aliviada e não conseguiu não reclamar para si o mérito. Ela estava convencida de que tinha visto o futuro da minha vida amorosa no fundo daquela xícara. Tive que rir, pois ela realmente pode ter acertado em uma ou duas coisas.

Embora Nick não fosse "um de nós", visto que ele não era grego, mas inglês; embora ele não fosse "próximo, mas de longe", visto que ele era tão australiano quanto eu; embora ele não tivesse entrado em minha vida com uma "grande fortuna", visto que, no início, nem sempre sabíamos como íamos sobreviver; ele era, como ela tinha dito, exatamente o que eu precisava — e ele não se importava nem um pouco com a minha idade. Quando nos casamos, faltava pouco para eu completar trinta anos, muito além da idade ideal para uma boa moça grega, e Nick me amava mesmo assim.

NÃO SABÍAMOS ORAR

Durante a minha infância, toda a minha família frequentava a igreja regularmente. Na verdade, ir à igreja fazia parte de quem nós éramos tanto quanto o sangue grego que corria em nossas veias. Mas, com base na minha experiência, nossa cultura e tradições gregas exerciam uma influência maior sobre a nossa vida do que a igreja. Quando se tratava de assuntos da vida — incluindo tentar encontrar um marido para mim —, todos encaravam o problema com um pouquinho de igreja e muita superstição. Em vez de orar a Deus primeiro, por exemplo, o que mais lembro são das presepadas de Theía Maria, de todos cuspindo e de minha mãe jogando sal por cima do ombro — e, é claro, de todas as minhas tias conversando horas a fio, como se acreditassem que, quanto mais conversassem, maior seria a probabilidade de resolverem qualquer problema que viam, principalmente os meus. Não me lembro de nenhuma ocasião em que tivéssemos segurado a mão umas das outras para pedir a ajuda de Deus. Na verdade, não me lembro de ninguém na família sugerindo que parássemos e orássemos por qualquer coisa.

Nossa casa estava cheia de ícones — Jesus, Maria e muitos dos santos — e, de vez em quando, eu pegava minha mãe acendendo uma vela ou queimando um incenso. No entanto, nunca a ouvi orar. Eu aprendi oração formais que decorávamos em grego antigo e recitávamos em todos os eventos respectivos na vida — nascimentos, mortes, batismos, comunhões, confirmações —, mas eu poderia muito bem ter recitado as páginas amarelas, pois estava falando palavras numa linguagem que eu nunca conheci. E como poderia ter conhecido? Em casa, falávamos grego moderno, não antigo. Embora soubesse recitar as orações, eu não entendia nenhuma delas.

Na igreja, a única pessoa que eu via orar era o padre. A missa durava três horas, e ele cantava em grego antigo o tempo todo. Assim, eu não fazia ideia do que ele estava dizendo, mas, em algum momento, eu deduzia que estava orando porque ele fechava os olhos e voltava o rosto para o céu. Na minha mente infantil, observando-o, deduzi que ele tinha uma linha direta com Deus, e a nós outros só restava dar um jeito da melhor maneira possível. Fiquei com a impressão de que Deus estava ocupado demais administrando um universo inteiro para ter tempo para uma pessoa tão comum como eu. Eu nunca me senti santa, ou digna, ou importante o suficiente para pensar que poderia conversar diretamente com Ele. Certamente não me lembro de ter sido encorajada a conversar diretamente com Deus, e definitivamente não com minhas próprias palavras.

Imagino que tudo isso soe estranho para você, a não ser, é claro, que tenha crescido na cultura grega e tão imerso em tradições e superstições quanto eu. Mas, em retrospectiva, entendo por que minha família recorria mais a práticas supersticiosas do que a Deus. Nenhum de nós entendia seu lado pessoal e relacional. Não fazíamos ideia de que Ele queria interagir conosco. Para mim, era claro que eu devia me confessar a Deus sempre que pecava — o que ocorria com frequência, pois eu podia ser bem malandra —, mas pensar que Ele desejava ter um relacionamento comigo e que esse relacionamento poderia ser cultivado por meio de oração? Esse pensamento nunca passou pela minha cabeça. Todas as orações formais que decorávamos e recitávamos no ambiente formal da igreja me levaram a crer que a oração era uma coisa formal para uma hora formal designada. Para mim, a fé não era um relacionamento pessoal ou íntimo que pudesse ser nutrido e desenvolvido por meio da comunicação com Deus, estando na presença dele em qualquer ambiente, em qualquer hora do dia ou da noite. Eu simplesmente nunca pensei nisso desse jeito.

Talvez você também não tenha pensado. Ou talvez tenha. Mas e quanto a agora? Você acha que Deus quer ter notícias suas? Acha que Ele quer cultivar um relacionamento com você por meio da oração? Não estou dizendo que você deva passar tantas horas por dia conversando com Deus quanto minhas tias passavam conversando umas com as outras, mas você passa um tempo orando a Deus antes de iniciar seu dia? Ou ao longo do dia? Fala com Ele sobre todas as coisas que estão acontecendo em seu dia ou se pega conversando mais com os outros, querendo mais a opinião deles e se perguntando qual é a abordagem espiritual deles a tudo? Em retrospectiva e pensando em minhas tias reunidas em volta da mesa da cozinha, percebo como é natural querermos conversar com pessoas que conseguimos ver em vez de conversar com um Deus que não vemos. Ainda assim, Deus quer que conversemos com Ele mais do que com qualquer outra pessoa. A oração é mais um elo em nossa corrente que nos mantêm ancorados nele, para que não nos percamos.

O DIA EM QUE CAROL OROU

Nunca me esquecerei do dia em que, pela primeira vez, vi alguém orar — alguém que não fosse o padre. Eu tinha 14 anos de idade na época, estava tendo aula de religião na escola e vi e ouvi uma mulher orar — em inglês! Era na década de 1980, e a educação religiosa era elemento obrigatório no sistema escolar da Austrália.

Quando não havia professores, as mães eram recrutadas para nos instruir. A mãe que lecionava religião era Carol, e sua representação de como era uma vida em Cristo era bem diferente daquilo que eu tinha aprendido em casa. Eu cresci sabendo quem Jesus era, é claro; na verdade, ele era gloriosamente representado em estátuas, em janelas de vidro pintado, em cartões de oração e em livros. Mas o Jesus que eu conhecia era mais um ícone do que qualquer outra coisa, um Jesus confortavelmente colocado na cornija da lareira, bem ao lado de uma réplica do Partenon. Na nossa casa, era mais provável que procurássemos o curandeiro local do

PARA DE ORAR E COMEÇA A FALAR

que Jesus — alguém conhecido por anular a maldição do olho maligno, algo que todos os gregos temiam.

Carol tinha sido salva na década de 1970, na era do Jesus Movement e dos coffee-shop revivals,[24] e semana após semana, fiquei ouvindo encantada suas histórias de como Jesus havia mudado radicalmente a sua vida. Ela tinha sido uma motociclista viciada em drogas e estava consumindo ácido quando Jesus chamou sua atenção. Na época, eu não sabia exatamente o que era ácido, mas, com base naquilo que ela contava, dava para entender que era algo do qual eu deveria me manter afastada. A partir daquilo que ela descrevia, deduzi que alucinações não eram coisa boa, mesmo se você achasse que estava vendo Jesus nelas.[25]

Toda terça-feira, depois de levar seus três filhos à escola deles, Carol aparecia na nossa e compartilhava conosco o que sabia. Não era muita coisa e certamente não era o que você teria esperado de alguém formado num seminário, mas foi o suficiente para me cativar, juntamente com um punhado de amigas minhas. Como você pode imaginar, a maioria dos vinte e poucos alunos da minha turma ficava terrivelmente entediada. Algumas crianças dormiam durante a aula, mas eu não conseguia tirar os olhos de Carol. Eu absorvia cada uma de suas palavras. Além disso, nem todos tinham o privilégio de ter uma autêntica hippie que tivera alucinações como professora de religião!

O que mais chamou minha atenção foi que Carol começava e encerrava cada aula com uma oração. Eu nunca tinha ouvido alguém conversar com o Deus do universo como se Ele fosse seu melhor amigo, e quando Carol orava, ela parecia tão normal. Ela não adotava um tom de voz estranho, reservado para coisas da igreja. Em vez disso, ela simplesmente

---

24 O Movimento de Jesus foi fruto de uma estratégia de evangelismo realizada inicialmente nas ruas da Califórnia, EUA, no final dos anos 1960, com vistas a atingir a juventude. O objetivo era avivar o país e conquistar as pessoas (daí o nome Jesus People, outra designação do movimento) que estavam sendo cooptadas pelo movimento *hippie*. Eles se reuniam em cafeterias cristãs chamadas de "catacumbas", geralmente montadas no porão de um bar. O nome faz referência às catacumbas romanas, onde os cristãos primitivos se reunião em razão da perseguição. (Nota do Editor).

25 "LSD", Drugs.com. Disponível em: https://www.drugs.com/illicit/lsd.html.

conversava com Jesus. Como se realmente o conhecesse. Como se realmente quisesse dizer cada palavra daquela oração. Como se quisesse conversar mais com Ele do que com qualquer outra pessoa.

Para uma garota na qual — provavelmente — tinham cuspido quando saiu de casa para ir para a escola naquele dia, a ideia de conversar com Jesus e esperar que Ele fosse responder de alguma forma era profunda. Eu cresci pensando que Deus estava ocupado demais com todas as coisas grandes neste mundo para ter tempo para mim, mas Carol orava como se ela esperasse que Ele teria tempo para ela e para todos nós. Carol parecia pensar que Jesus se importava pessoal e intimamente com cada um de nós — e que Ele sabia tudo a nosso respeito. Isso era revolucionário para mim. Como eu poderia sequer considerar orar a Deus desse jeito?

ORAÇÃO É ACESSO TOTAL

Oração é um privilégio. Uma honra. Um prazer. Conversar e ouvir nosso Pai celestial, sem que nada esteja entre nós, é algo que podemos fazer.

Carol tornou a oração algo compreensível pra mim. Algo com que eu pudesse me identificar. Ouvindo-a orar, a oração parecia uma conversa, e eu queria conversar com um Deus que parecia querer me ouvir. O reformador escocês John Knox chamou a oração de "uma conversa franca e familiar com Deus".[26] Acredito que ele acertou em cheio.

Entendo que, dependendo de como você foi criado espiritualmente, a oração pode parecer algo um tanto altivo ou até mesmo entediante, mas é na oração que aprendemos a confiar em Deus. É na oração que lembramos que Deus é maravilhoso, soberano e onipotente. É na oração

---

26 John Knox, *The Works of John Knox*, vol. 3, *Earliest Writings 1548–1554*, org. David Laing (Edimburgo: Bannatyne Club, 1854), p. 83.

que podemos levar nossas preocupações e ansiedades até Ele. Que podemos derramar nosso coração diante dele. Confessar nossos pecados e receber perdão. Pedir sabedoria, ajuda, conhecimento, entendimento, força e coragem. Pedir que Deus satisfaça todas as nossas necessidades. Travar batalhas espirituais. Batalhar e prevalecer em seu poder. Dar graças, adorar e louvar a Deus. Aquietar-se e esperar em Deus. Ouvir. Desenvolver intimidade com Deus. É na oração que podemos conhecê-lo e sentir-nos conhecidos por Ele.

Não é isso que todos nós ansiamos? Ser vistos? Ouvidos? Conhecidos? Amados? A proximidade regular com uma pessoa é um componente importante que nos impede de ficar à deriva e de nos afastar dela. Que nos mantêm ancorados emocionalmente nela. O mesmo se aplica a nós e Deus por meio da oração.

Oração é um privilégio. Uma honra. Um prazer. Conversar e ouvir nosso Pai celestial, sem que nada esteja entre nós, é algo que podemos fazer. Por ter sido criada num mundo em que não percebi que eu podia conversar diretamente com Deus, que nada podia me separar da sua presença (Romanos 8:31-39), isso me deixou perplexa. Eu não fazia ideia de que, quando Jesus morreu na cruz, o véu no templo "se rasgou em duas partes" (Mateus 27:51), e eu sabia ainda menos o que isso significava. Mais tarde, descobri que o véu era uma cortina no templo que separava as pessoas do Santo dos Santos, onde residia a presença terrena de Deus.[27] Logo depois da morte de Jesus, o véu se rasgou de cima para baixo, o que significava que todos os intermediários como os sacerdotes do Antigo Testamento, os líderes religiosos do Novo Testamento e até mesmo os padres que tinham me instruído não eram mais necessários para que eu pudesse falar com Deus.

Você entende o que isso significa para você e para mim hoje? Como filhos de Deus, podemos correr até o trono do Pai. O autor de Hebreus disse: "Assim sendo, aproximemo-nos do trono da graça com toda a confiança, a fim de recebermos misericórdia e encontrarmos graça que nos ajude no momento da necessidade" (4:16).

---

27 "What Was the Temple Veil? What Is the Meaning of the Temple Veil Being Torn in Two When Jesus Died?", CompellingTruth.org. Disponível em: https://www.compellingtruth.org/temple-veil-torn.html.

Isso significa que temos acesso! É como um passe para os bastidores. O Deus do universo, aquele que colocou as estrelas no céu, aquele que falou e tudo veio a existir, aquele que é onisciente, onipotente e sempre presente nos deu acesso para estarmos com Ele, a qualquer hora do dia ou da noite. Porque Ele quer estar conosco! Conectado conosco. Temos literalmente um convite sem prazo para corrermos até a sala do trono, sabendo que Deus quer ouvir o que temos a dizer. Não existe nada — nenhum erro, nenhum passado, nenhum pecado, nenhuma pessoa, nenhuma vergonha — que pode impedir nosso acesso a Deus.

Você tem ideia da magnitude do que isso significa? Nada pode manter você afastado de Deus. Nada. Assim como as minhas meninas corriam para o nosso quarto de manhã e pulavam na cama comigo e com o Nick, nós também podemos correr para o nosso Pai celestial. Nós nunca teríamos expulsado as nossas garotas. Nunca teríamos trancado a porta e nunca as teríamos deixado no corredor implorando para entrar. Em vez disso, nós lhes demos acesso total. Ficávamos felizes quando sentiam que tinham a liberdade de entrar em nosso quarto.

Devo admitir, porém, que, na medida em que têm crescido, elas não têm mais invadido o nosso quarto. Não como antigamente. Agora, elas são adolescentes que preferem passar metade do dia dormindo sempre que podem. Apesar disso, eu amo a fase em que estão. Temos as conversas mais incríveis, e quando Nick e eu estamos viajando, nós conversamos on-line e mandamos mensagens o tempo todo. É como todos nós continuamos conectados uns com os outros para que não nos afastemos como família. Manter a comunicação nos mantém próximos e atualizados em relação a tudo o que está acontecendo em nossa vida. Mas, para ser honesta, sinto falta de quando elas eram pequenas e pulavam na nossa cama.

CORRA ATÉ DEUS

Se a oração nos mantém ancorados num relacionamento íntimo com Deus, então, talvez, quando descobrimos que a nossa comunicação com Ele se tornou menos frequente, menos importante, menos transparente, menos vital, podemos supor que estamos à deriva. Quando descobrimos que estamos nos afastando da dependência de Deus e nos aproximando da autodependência e da independência dele, então estamos à deriva.

Martinho Lutero, o padre e teólogo alemão que iniciou a Reforma Protestante, disse: "Ser um cristão sem oração é tão impossível quanto estar vivo sem respirar". Por experiência própria, concordo plenamente. Quando se trata de estar à deriva, a oração é uma das práticas que mais nos mantêm ancorados. Digo isso porque vemos nas Escrituras que Jesus permaneceu conectado com seu Pai celestial por meio da oração. Ele orava quando estava sozinho (Mateus 26:36-44). Orava quando estava com outras pessoas (Lucas 10:21). Orava antes de comer (Mateus 15:36; 26:26; Lucas 24:30; João 6:11), antes de viajar e de tomar decisões importantes — como quando orou durante toda a noite antes de escolher seus doze discípulos (Lucas 6:12-13). Ele orava antes, durante e depois de curar pessoas (Marcos 7:34-35; Lucas 5:12-16; João 11:41-42). Ele orava por si mesmo (João 17:1-5), por seus discípulos (Lucas 22:31-32; João 17:6-19), e por todos os fiéis (Mateus 19:13-15; João 17:20-26). Jesus orava pela vontade de seu Pai (Lucas 22:42). Orava para que outros fossem perdoados (Lucas 23:34). Orava em dor e sofrimento (Mateus. 27:46). E o que ainda hoje me surpreende é que Ele não parou de orar. Ele vive para interceder por você e por mim (Hebreus 7:25).

> **Quando se trata de estar à deriva, a oração é uma das práticas que mais nos mantêm ancorados.**

Mas para nós, embora queiramos todos ser iguais a Jesus, negligenciar a oração é muito fácil. Podemos ficar ocupados ou distraídos e, antes de percebermos, começamos a ver a oração como um último recurso ou como uma atividade secundária — que praticamos quando temos tempo —, e não como um tempo para nos conectar com aquele que amamos — e que nos ama. Além disso, quando estamos decepcionados com Deus, nos sentimos desencorajados por Ele ou até mesmo nos irritamos com Ele, é fácil que fiquemos um dia sem orar, e esse dia se transforma em uma

COMO EU CHEGUEI ATÉ AQUI?

semana; e essa semana, em um mês — e antes de nos darmos conta, os meses se transformam em um ano.

Alguma vez você já se perguntou o quanto Deus sente a nossa falta quando nos afastamos dele? Quando deixamos de correr até seu trono da graça como costumávamos fazer? Quando deixamos de pular em seus braços? Quando deixamos de lhe contar tudo o que aconteceu durante nosso dia, todos os nossos sonhos, nossas preocupações, alegrias e vitórias? Quando deixamos de lhe contar tudo sobre as pessoas que amamos e as que tanto queremos que o conheçam do jeito que nós o conhecemos? Quando deixamos de derramar nosso coração para Ele, ou quando somos pegos de surpresa por momentos desesperadores que nunca previmos? Quando deixamos de confiar nele quando não entendemos o que está acontecendo nem por quê? Quando deixamos de confiar em seu consolo nos nossos dias mais escuros?

Eu me pergunto como Ele se sente quando recuamos, embora a resposta esteja nas páginas das Escrituras. Tantas vezes, ao longo de milhares de anos, Ele tem dito ao seu povo: "Voltem para mim" (Neemias 1:9; Oseias 6:1, 14:1; Zacarias 1:3) ou, para aqueles que não o conhecem, "Venham a mim" (Mateus 11:28; João 6:37). As Escrituras inteiras revelam o coração de Deus — desde a criação até o dia em que seremos nova criação — falam de seu desejo de se relacionar, de seu amor sem fim por nós.

Todos nós conhecemos a dor quando alguém que amamos se afasta. E a verdade é que Deus experimentou isso com uma frequência maior — e num nível mais alto — do que qualquer um de nós. Ainda assim, Ele nos ama. Ele estende os braços para nós. Ele nos busca, não importa para onde a corrente nos tenha levado. Às vezes, quando sentimos que Ele não interveio por nós ou que não respondeu às nossas orações do jeito que esperávamos, é fácil não querer mais conversar com Deus, da mesma forma como queremos nos afastar e parar de falar com pessoas que nos decepcionaram, que não se empenharam por nós. É como se as razões pelas quais corremos para Deus em oração podem ser as mesmas pelas quais nos afastamos.

Sei como é quando uma oração não é respondida do jeito que esperamos, e tenho certeza de que você também sabe. Até os membros da igreja primitiva sabiam. Numa época em que a igreja estava florescendo, o rei Herodes Agripa queria o favor do povo judeu e de seus líderes — a qualquer preço.[28] Então, ele foi atrás dos cristãos para persegui-los, incluindo dois dos apóstolos que tinham sido muito próximos de Jesus. Primeiro, mandou prender — e degolar — Tiago (Atos 12:2). Depois, mandou prender Pedro (v. 3) — e isso pela terceira vez. Nas duas primeiras vezes, ele tinha sido liberto (Atos 4:7-21; 5:18-20), então, nessa terceira ocasião, Herodes o colocou sob segurança máxima. Dezesseis soldados se revezavam para vigiá-lo. Dois deles até ficavam algemados a Pedro (12:4-6). Herodes sabia que esses cristãos tinham um jeito de escapar. Eles ou ressuscitavam dentre os mortos, como Jesus, ou eram resgatados por anjos, como Pedro. Em todo caso, ele não se arriscaria dessa vez. Mas então, na noite antes de Pedro ser levado à corte, um anjo apareceu, e Pedro saiu andando daquela prisão (v. 7-10). Mais uma vez, ele havia sido liberto milagrosamente.

O ponto em que quero me concentrar aqui é como, durante todo o tempo em que esse milagre estava acontecendo, a igreja estava orando (v. 12). Sinceramente. Fervorosamente. Embora nem tudo tenha acontecido conforme esperavam. Tiago estava morto. Pedro estava vivo, mas novamente preso. A igreja primitiva estava de coração partido, mas quando poderiam ter ficado desencorajada, indiferente, furiosa ou de coração endurecido, ela continuou orando.

Para aqueles cristãos, o fato de Tiago ter morrido parecia não representar um dilema para sua fé. Eles pareciam entender que a oração se fundamenta em confiança em Deus, mesmo quando não entendemos o que Ele está fazendo.

Mais de dois mil anos depois, não sei por que algumas pessoas vivem e outras não. Não sei por que coisas pelas quais oramos tanto nem sempre dão certo. Não sei por que acontecem dores e tragédias inimagináveis, a despeito de nosso maior esforço em oração. A despeito de pedirmos que todos que conhecemos orem conosco e por nós. Imagino que todos nós temos um Tiago em nossa vida. A pessoa que morreu em

---

28 *Encyclopaedia Britannica Online*, veja verbete "Herod Agrippa I", 1º de janeiro de 2021. Disponível em: https://www.britannica.com/biography/Herod-Agrippa-I.

vez de ser curada. A criança que se afastou ainda mais de Deus em vez de se aproximar dele. O casamento que fracassou em vez de ser restaurado. O investimento que afundou em vez de garantir nossa aposentadoria. O emprego do qual fomos demitidos em vez de promovidos, como tínhamos esperado.

Qual é o seu Tiago? Existe uma razão pela qual você parou de acreditar que a oração pode mudar as coisas? Uma razão pela qual você não está correndo para Deus com o mesmo tipo de fé que teve no passado? Com o mesmo fervor de antes?

Qualquer que seja a razão, quando percebemos que não queremos falar com Jesus tanto quanto no passado, ou por tanto tempo quanto no passado; quando percebemos que queremos falar mais com pessoas do que com Jesus, nós estamos à deriva. Se estivermos pensando demais e orando de menos, postando demais e orando de menos, reclamando demais e orando de menos, ou até mesmo pedindo que os outros orem por nós mais do que nós estamos conversando com Jesus pessoalmente, nós estamos à deriva — e está na hora de voltar correndo para Ele mais uma vez.

A ORAÇÃO NOS ANCORA

> Quando oro, eu sou honesta com Deus. Com Ele, com meu eu mais verdadeiro. Entendo que esse eu pode ser demais para algumas pessoas, mas nunca para Deus.

Um dos lugares em que mais gosto de orar é na praia, enquanto caminho — em qualquer praia, em qualquer lugar do mundo. Seja em casa, na Califórnia, caminhando à beira do Pacífico; ou perto dos nossos escritórios na Grécia, na costa do mar Mediterrâneo; ou na Cidade do Cabo, na África do Sul, em plena vista do Atlântico, eu ando e eu oro. Falo em voz alta com Deus, confessando a Ele os meus pecados, apresentando-lhe meus pedidos e contando-lhe de outras pessoas que estão precisando de ajuda, de respostas e de orientação. Eu o lembro daquilo que Ele me chamou para fazer e de como prometeu me ajudar a cumprir o meu propósito. Eu lhe agradeço quando Ele corrige minha perspectiva e me ajuda a ver as coisas como Ele vê. Eu lhe digo quão grata sou. Por Nick. Pelas nossas meninas. Pela nossa equipe. Pelo trabalho que nos foi dado. Eu volto meu foco para o céu e ofereço a Deus toda a minha adoração. Ofereço a Ele tudo de mim.

Sempre que oro dessa maneira, eu não sigo uma ordem específica. Não gosto de fórmulas de oração, concentro-me em seu aspecto relacional. Uma conversa entre mim e Deus, e nada mais. Por isso, eu oro quando estou feliz. Oro quando estou triste. Oro quando estou descansada. Oro quando estou cansada. Oro quando estou em casa. Oro quando estou no avião. Oro quando preciso de respostas e quando só preciso de encorajamento. Oro quando é fácil e quando é difícil.

Eu oro até quando parece que Deus não está me ouvindo. Quando tudo parece estar em silêncio, mesmo que eu tente de tudo para ouvi-lo. Em vez de entender esse silêncio como rejeição, desaprovação ou indiferença e fazer biquinho, eu oro. Em vez de julgá-lo por não se importar, eu oro. Não importa o que esteja acontecendo, não importa onde eu esteja no mundo, não importa que horas sejam; quando algo surge no meu coração ou passa pela minha mente, eu oro.

Oração é uma declaração de dependência. É nosso jeito de dizer: "Deus, eu te quero. Eu preciso de ti". Quando levamos algo até Ele em oração, estamos dizendo: "Deus, eu quero teu governo, quero teu reino, quero tua orientação, quero tua vontade, quero tua ajuda nisso, quero o Senhor nisso". E sempre que evitamos Deus, estamos declarando o seguinte: "Deus, eu sou bom. Eu dou conta disso" ou: "Deus, para ser honesto, não estou muito interessado naquilo que tu possas ter a dizer sobre isso". Quando você se sente tentado a ignorar esse local secreto de oração, quando se sente tentado a esconder algo, a não mencionar algo em sua conversa com Ele, pergunte-se: eu quero enfrentar isso sem Deus? Não há benefício nem vida nisso, pois Ele é vida. Voltar-se para Deus em oração significa envolvê-lo, incluí-lo, agarrar-se a Ele.

Se eu não orasse, ficaria à deriva. Mesmo quando quis tocar o sino, quando senti que estava passando por um dos períodos mais difíceis no meu ministério, quando achava que não tinha forças para orar, eu orei. Tantas vezes naquela período, eu achava que minhas orações não importavam. Era como se não passassem do teto do quarto. Como se eu estivesse falando comigo mesma e mais ninguém. Como se orar fosse uma perda de tempo. Como se não estivesse adiantando nada. Mesmo assim, eu orava. Admito que, naquela época, minhas orações se pareciam mais com gemidos, gritos e lamentos. Até dei um chilique ou dois, mas continuei vindo até Deus. Acho que isso ainda conta como oração. Lembro-me de ter dito a Nick certo dia: "Bem, pelo menos ainda estou acorrentada a Deus, pois ainda estou falando com Ele, mesmo que gritando um pouco".

Antes de me julgar, não se esqueça de que até o rei Davi — você sabe, aquele sujeito segundo o coração de Deus — orou certa vez: "Até quando, Senhor? Para sempre te esquecerás de mim? Até quando esconderás de mim o teu rosto? Até quando terei inquietações e tristeza no coração dia após dia? Até quando o meu inimigo triunfará sobre mim?" (Salmos 13:1-2).

Não é bom saber que, não importa o tamanho do chilique que damos, Deus não nos abandona? Ainda hoje, quando oro, eu sou honesta com Deus. Com Ele, com meu eu mais verdadeiro. Entendo que esse eu pode ser demais para algumas pessoas, mas nunca para Deus. Ele sabe tudo o que está acontecendo em mim e comigo. Ele sabe o que está pesando em meu coração e na minha mente. Não há como esconder nada dele. Ainda assim, Ele quer que eu seja honesta e lhe diga tudo. Ele quer que todos nós digamos. Deus consegue lidar com tudo o que derramamos aos seus pés, não importa como. Ele não quer que guardemos nada. Não importa o que sintamos, Ele não quer que reprimamos esse sentimento nem que o internalizemos, pois isso só fará com que fiquemos à deriva. Em vez disso, Deus quer que derramemos nosso coração diante dele. Ele quer que oremos.

Mas sobre o que devemos orar? Sobre todas as coisas (Filipenses 4:6).

Quando devemos orar? Em todos os momentos (1Tessalonicenses 5:16-18).

Todas as coisas, em todos os momentos. Existe algo na categoria "todas as coisas" que você deve levar até Ele hoje? Pela primeira ou pela milésima vez?

Você quer mais dele hoje? Ore hoje!

Precisa de sabedoria ou orientação hoje? Ore hoje!

Os inimigos estão cercando você hoje? Ore hoje!

Você precisa de perdão hoje? Ore hoje!

A tentação está forte hoje? Ore hoje!

Um relacionamento precisa ser reconciliado hoje? Ore hoje!

Você precisa de uma conquista em alguma área hoje? Ore hoje!

Os recursos estão em falta hoje? Ore hoje!

Você precisa de cura, paz ou salvação hoje? Ore hoje!

Uma fortaleza precisa ser derrubada hoje? Ore hoje!

Alguém lhe disse que é impossível hoje? Ore hoje!

Como diz minha amiga Rebekah Layton, oração é graça e ganho: uma graça que nos mantém ancorados em Deus e um ganho que avança seu governo e reino.

Nosso Deus ama quando o procuramos. Nosso Deus é um bom Pai. Nosso Deus faz o impossível. Nosso Deus é tão fiel... fiel em ouvir, fiel em responder. Que possamos ser fiéis. Fiéis em acreditar nele. Em acreditar que Ele nos ouve. E fiéis em buscá-lo no lugar da oração, pois precisamos dele. Pois o amamos. Pois o queremos. Pois ansiamos pela sua vinda e pela vinda do seu reino. Pois não queremos ficar à deriva.

6

VOCÊ SABE QUE PERDEU O RUMO QUANDO

PARA DE SE REUNIR
E COMEÇA A SE ISOLAR

Existe uma diferença entre solidão e isolamento. A primeira está conectada; o segundo, não. A solidão reabastece, o isolamento diminui.

— HENRY CLOUD

Ao dirigir pelas ruas de Doha, em Qatar, no Oriente Médio, absorvendo todos os arranha-céus e aquela arquitetura majestosa, minha impressão era de que a cidade tinha se erguido diretamente das areias do deserto de Rub'al-Khali. Prédios esculpidos como ondas pareciam imitar a maré verde-azul do Golfo da Pérsia invadindo a terra. Avenidas imaculadas ladeadas por palmeiras majestosas emolduravam toda a paisagem urbana, dando destaque a cada projeto como se fosse uma obra de arte. Na medida em que nos aproximávamos do centro da cidade, a arquitetura continuava apresentando uma maravilha moderna após a outra, só que

COMO EU CHEGUEI ATÉ AQUI?

agora misturada com alguns projetos islâmicos mais tradicionais, estruturas mais baixas de estuco nos suaves tons de creme, amarelo e bronze do deserto.

Nick e eu tínhamos chegado uns dias antes para que eu pudesse falar numa conferência sobre liderança, e sempre que passávamos pelo centro, a vista não decepcionava. Hoje, estávamos a caminho de uma igreja que havia me convidado a fazer uma palestra. Nossos motoristas eram Joseph, um expatriado que vivia e trabalhava na capital, e seu amigo Samuel. Os dois pertenciam à minoria cristã que residia naquele país.

Joseph falava na maior parte do tempo, contando-nos curiosidades sobre o desenvolvimento da cidade e fatos interessantes que um visitante poderia gostar de saber. Exatamente o tipo de informações que eu sempre adoro receber para onde quer que eu viaje. E, embora eu tivesse prestado muita atenção em cada palavra sua no início, em algum momento, comecei a me distrair. Meu coração estava cheio e transbordante, quase palpitando. De esperança. De alegria. Eu estava entusiasmada por poder ver como Deus desdobrava o que estava fazendo na sua igreja naquela parte do mundo. Diferentemente de quando costumo fazer viagens internacionais, eu não tinha conseguido dormir, e não era por causa do fuso horário. Lá no fundo, eu não queria perder nada daquilo que pudesse acontecer, igual a uma criança na véspera das férias de verão.

Eu ainda estava olhando pela janela para o borrão de prédios e pessoas, carros e vida urbana. Pensei em como essa parte do mundo estava entrelaçada com a história dos meus ancestrais. Meu pai e minha mãe tinham nascido em famílias gregas em Alexandria, no Egito, embora só se tenham conhecido após terem emigrado para a Austrália. Foi a geração anterior à deles que tinha fugido da Grécia e da Turquia após o genocídio grego de 1922, que fez com que uma parte tão grande da minha família se mudasse para lá. Por terem crescido no Egito, meus pais falavam árabe fluentemente, um dom que aproveitavam especialmente quando não queriam que meus irmãos e eu soubéssemos o que estavam falando. Ainda me lembro de tentar decodificar todas as sílabas que eu ouvia, determinada a descobrir o que eles estavam escondendo de nós, embora nunca conseguisse. Apesar de se mudarem para a Austrália, meus pais nunca abandonaram sua herança grega nem a influência óbvia de terem nascido e crescido no Oriente Médio. Até as nossas refeições e reuniões dominicais refletiam a mistura de comidas que eles amavam. Falafel. Dolma. Kushari. Baklava. Era sempre o melhor dos dois mundos. Muitas vezes, pensei que minha herança provavelmente explicava o porquê de, desde que consigo me lembrar, eu sentir um afeto tão grande pelo Oriente Médio.

Quando já nos aproximávamos da periferia da cidade, percebi que Joseph estava começando a compartilhar mais da sua história pessoal e menos da cidade. Sua família extensa tinha vivido em Qatar por uns trinta anos, ele disse, como expatriados da Índia que trabalhavam para a indústria petroquímica tão prevalecente em todo o Oriente Médio. Eles eram cristãos, mas durante os primeiros quinze anos naquele país, estavam proibidos de expressar sua fé. Nenhum cristão podia. Não publicamente. Não no trabalho. Não em casa. Em algum momento, Samuel o interrompeu rapidamente para contar que sua família tinha conhecido pessoas que o fizeram e que, por causa disso, perderam o emprego, foram obrigadas a deixar o país ou jogadas na prisão.

Então Joseph explicou que, só nos últimos quinze anos, eles receberam a permissão de se reunir na igreja com outros cristãos. Algumas denominações cristãs aprovadas tinham recebido a permissão de construir templos, mas somente dentro de um complexo religioso fortificado e designado fora da cidade.[29] Havia regras estritas referentes aos horários em que os cristãos podiam se reunir e por quanto tempo, e cada um era obrigado a se registrar para adentrar o local. Mesmo assim, Joseph disse que a possibilidade de participar de uma reunião na igreja lhe dava uma sensação forte de estar conectado com o corpo de Cristo, que isso fazia todo o caminho e todos os obstáculos valerem a pena.

Joseph mal tinha acabado de mencionar o complexo, quando o vi na distância. Parecia ser um complexo murado que se estendia deserto adentro, com prédios que apareciam por trás do muro. Quando nos aproximamos, vi portões altos vigiados por policiais, semelhante à entrada de uma base militar. Aparentemente, teríamos que parar para poder entrar.

---

29 Brian Candy, "Christianity—Attending Church in Qatar", Qatar Quick, 1 de julho de 2019. Disponível em: https://qatarquick.com/christianity-attending-church-in-qatar.

COMO EU CHEGUEI ATÉ AQUI?

Ao alcançar o portão, Joseph apresentou algum tipo de identificação e uma permissão para mim, já que eu era a palestrante convidada numa das igrejas naquele dia. O policial perguntou se todos nós éramos cristãos, pediu nossos passaportes e então permitiu que entrássemos no complexo. Joseph explicou que, normalmente, teríamos estacionado longe do complexo e caminhado no calor escaldante do deserto até o portão. Na verdade, aquela era a primeira vez em que ele tinha passado de carro por ali. Observei as pessoas indo e vindo. Todas estavam muito felizes. Felizes por estarem ali. Avançando pelo complexo, Joseph nos mostrou as diferentes igrejas. A católica. A grega ortodoxa. A cóptica. A batista. A Assembleia de Deus. Uma após a outra, sem fim. Mais tarde, soube que a igreja católica tinha sido não só a primeira a ser construída naquele complexo, mas também a primeira igreja a ser construída em Doha nos últimos 14 séculos.[30]

Passamos por outros prédios dentro de outras áreas muradas, e Joseph nos mostrou aqueles que representavam fés cristãs tradicionais da África, das Filipinas e da Índia. Quando perguntei por que todos os prédios eram tão parecidos, visto que eu não conseguia identificá-los só olhando para eles, Joseph explicou que o governo tinha imposto restrições às construções. Nenhuma devia ostentar símbolos característicos de casas de adoração cristãs. Nenhuma cruz. Nenhuma torre. Nenhum sino. Mas, ele nos contou, algumas tinhas pinturas quase invisíveis no interior.[31]

Do lado de dentro, Nick e eu adoramos com o pequeno grupo que tinha se reunido na sala em que estávamos — e com todas as outras pessoas espalhadas por todos os prédios no complexo. Quando olhei para elas, seu rosto dizia tudo. Elas queriam estar ali adorando a Deus mais do que em qualquer outro lugar do mundo, e nada, nem portões vigiados,

---

30 Caryle Murphy, "For the First Time, Christians in Qatar Worship in Church", *Christian Science Monitor*, 9 de fevereiro de 2009. Disponível em: https://www.csmonitor.com/World/Middle-East/2009/0209/p01s01-wome.html.

31 Caryle Murphy, "Qatar Opens First Church, Quietly", Al Jazeera, 20 de junho de 2008. Disponível em: https://www.aljazeera.com/news/2008/06/20/qatar-opens-first-church-quietly/.

nem o calor do deserto, nem as restrições severas, podiam impedi-las de fazê-lo. Eu me senti exatamente da mesma forma.

A LIBERDADE DE SE REUNIR

Igreja é igreja, no mundo inteiro. Eu tive o privilégio de ministrar em igrejas locais em mais de cinquenta nações. Algumas se reuniam em auditórios enormes, abrigando milhares de pessoas; outras, em santuários muito menores — em lugares que incluíam de tudo, desde cinemas a centros comunais, armazéns, escolas e casas. Tenho me reunido com membros da igreja perseguida na China. O centro de cada reunião sempre tem sido o poder de pessoas que se reúnem em adoração, juntas exaltando o Rei Jesus. Pessoas que ouvem atentamente à pregação de sua Palavra, que oram umas pelas outras, que têm comunhão umas com as outras, que partem o pão e estudam as Escrituras juntas e que regozijam quando um dos seus é batizado. Existe algo singular e poderoso que acontece quando o corpo de Cristo se reúne. Nosso dia em Qatar não foi nenhuma exceção.

Eu não podia esquecer, no entanto, a realidade de que não é fácil ser um seguidor de Jesus naquela parte do mundo, onde apenas pouco mais de 10% da população é cristã.[32] Eu cresci na Austrália e agora moro nos Estados Unidos, então sempre conheci liberdade de religião. Nunca vivi numa nação que não permitia que eu me reunisse com outros cristãos em qualquer lugar e a qualquer hora. Nunca vivi num lugar que me proibisse de ostentar símbolos religiosos publicamente — ou até mesmo na minha escrivaninha no trabalho — ou de adornar prédios com eles, indicando a todos que aquela era uma casa de adoração.

Depois do culto, Nick e eu fomos almoçar com vários casais da igreja, porque, bem, humus, manakeesh e tabule estavam esperando. Nossa conversa se voltou para os desafios que esses queridos irmãos e

---

32 Oishimaya Sen Nag, "What Religions Are Practiced in Qatar?" World Atlas, 23 de abril de 2018. Disponível em: https://www.worldatlas.com/articles/what-religions-are-practiced-in-qatar.html.

irmãs em Cristo enfrentavam como cristãos naquela região do mundo, especialmente os desafios enfrentados por aqueles que realmente iam à igreja e se reuniam abertamente com outros cristãos. Fiquei me perguntando por que eles ainda preferiam se reunir, visto que seria muito mais fácil e seguro ficar em casa. No ano anterior, terroristas tinham atacado o complexo religioso. Eu só podia imaginar o que passava pela cabeça dos cristãos sempre que atravessavam aqueles portões. Eu realmente me perguntei se continuaria indo à igreja com minha família sob tais condições. Gostaria de pensar que seria muito corajosa, mas, durante o nosso almoço, descobri que os cristãos do Oriente Médio tinham uma força e uma paixão que eu invejava. Eles eram cheios de amor, alegria e paz, compartilhando abertamente conosco histórias sobre as pessoas em sua comunidade. Eles eram tão gratos pela oportunidade de se reunir que o preço não importava.

> **Quando se trata de igreja, não precisamos cometer nenhuma iniquidade para ficarmos à deriva; basta deixarmos de nos reunir.**

Suas histórias me lembraram as dos cristãos judeus na igreja primitiva, aqueles mencionados no livro de Hebreus. Isso me deu uma visão um pouco mais clara de como deve ter sido para eles quando o autor de Hebreus escreveu para eles, encorajando-os a continuarem com suas reuniões, a despeito dos obstáculos que teriam de superar.

Aquelas pessoas estavam vivendo numa cultura em que a maioria não seguia Jesus, igual à situação em Doha, e por desejarem expressar sua fé, elas estavam sendo ameaçadas e perseguidas. Estavam perdendo seus bens, eram banidas de suas comunidades e algumas até eram martirizadas (Hebreus 10:33-34).

Com medo de se reunir, eles deixaram de se encontrar; muitos se escondiam em sua casa, outros se espalhavam pela região rural, e tudo isso porque reunir-se poderia lhes custar a vida.[33] Mas a despeito do perigo, a despeito do medo que sentiam, o autor de Hebreus os encorajava: "E consideremos uns aos outros para nos incentivarmos ao amor e às boas obras. Não deixemos de reunir-nos como igreja, segundo o costume de alguns, mas procuremos encorajar-nos uns aos outros, ainda mais quando vocês veem que se aproxima o Dia" (10:24-25).

O que me impressiona é que, a despeito de todos os riscos óbvios envolvidos em reunir-se como cristãos para adorar a Jesus durante aquele tempo, os benefícios devem ter superado os riscos. O autor de Hebreus poderia ter dito: "Fiquem em casa, não se reúnam, façam de tudo para se proteger". Em vez disso, ele disse o contrário: "Não deixemos de reunir-nos".

O fato de o autor de Hebreus ter dito: "Não deixemos de reunir-nos" dá a entender que existe um benefício que extraímos quando nos reunimos e que não obteríamos se não o fizéssemos. Visto que já determinamos que tudo o que você precisa fazer para ficar à deriva é nada, então, talvez deixar de se reunir seja mais um jeito de ficar à deriva. Em outros palavras, quando se trata de igreja, não precisamos cometer nenhuma iniquidade para ficarmos à deriva; basta deixarmos de nos reunir. Mas como Matt Merker escreveu durante a pandemia de 2020 num artigo intitulado "Why Gather? Thinking About Gathering When Churches Can't" [*Por que se reunir? Pensando em se reunir quando a igreja não pode*], reunir-se não é só o que a igreja faz. É parte daquilo que a igreja é. Deus nos salvou como indivíduos para que, coletivamente, fôssemos uma assembleia corporativa.[34] No grego original, a palavra para "assembleia" é "*ekklesia*".[35] De acordo com Merker, é "a mesma palavra que os autores do Novo Testamento usavam para se referir à igreja local. É simplesmente o termo

---

33 Dr. Steven Um *et al.*, "The Background and Purpose of Hebrews", Thirdmill. Disponível em: https://thirdmill.org/seminary/lesson.asp?vs=HEB&ln=1.

34 Matt Merker, "Why Gather? Thinking About Gathering When Churches Can't", 9Marks, 24 de abril de 2020. Disponível em: https://www.9marks.org/article/why-gather-thinking-about -gathering-when-churches-cant/.

35 W. E. Vine, *Vine's Expository Dictionary of Old and New Testament Words* (Grand Rapids: Revell, 1981), veja verbete "ekklesia".

para uma reunião. Mas, quando aplicado à igreja, ele traz a rica conotação do Antigo Testamento de unir-se como o povo eleito de Deus".[36]

Ouvi dizer que a igreja é um povo, não um lugar. Tenho certeza de que eu mesma disse algo semelhante no passado. É verdade que a igreja permanece igreja mesmo quando não está reunida, mas imagine o seguinte: minha filha Catherine jogava vôlei no Ensino Médio. Ela participou dos testes e ganhou uma posição no time. A partir de então, ela estava no time 24 horas por dia, sete dias por semana. Mesmo quando ela e as demais meninas de sua equipe não estavam reunidas, elas eram consideradas um time coletivamente. No entanto nenhuma das moças podia estar no time e nunca aparecer na hora dos jogos. Era preciso participar. Elas precisavam se reunir para praticar e então competir nos jogos. Da mesma forma, a igreja é um povo, mas é também um lugar porque a igreja se torna uma igreja quando os membros se reúnem e participam naquele lugar.[37] Entendo que a igreja é, evidentemente, mais do que uma reunião, mas, como Merker também diz, ela nunca é menos.[38]

Quando a igreja se reúne em adoração corporativa, aqueles que fazem parte da congregação se mostram e se tornam visíveis uns para os outros. O teólogo Everett Ferguson expressou essa ideia da seguinte forma: "Em assembleia, a igreja se torna si mesma. Ela se torna ciente de si mesma, confessa ser uma entidade distinta, mostra o que ela é — uma comunidade (um povo) reunida pela graça de Deus, dependente dele e que o honra. A assembleia permite que a igreja surja em sua natureza verdadeira".[39]

---

36 Merker, "Why Gather?".

37 Jonathan Leeman, "The Church Gathered", The Gospel Coalition. Disponível em: https://www.thegospelcoalition.org/essay/the-church-gathered/.

38 Merker, "Why Gather?".

39 Everett Ferguson, *The Church of Christ: A Biblical Ecclesiology for Today* (Grand Rapids: Eerdmans, 1996), p. 235.

Como igreja, fomos criados para nos reunirmos, nos dispersarmos e, então, nos reunirmos de novo.[40] Existe propósito no nosso reunir e no nosso dispersar. Não precisamos só de um ou outro. Precisamos dos dois.

Isso é parte daquilo que nunca compreendi como criança. Eu era obrigada a ir para a igreja todos os domingos porque meus pais me forçavam. Ser grego significava ser ortodoxo, e ir à igreja era uma exigência, especialmente sendo parte de uma comunidade de imigrantes num país estranho. Reunir-nos na nossa igreja ortodoxa local era o ponto de encontro central para a maioria dos imigrantes gregos na nossa cidade. Não ir para a igreja simplesmente não era uma opção. Já que o padre falava em grego antigo, eu nunca entendia o que estava acontecendo, por isso, nunca imaginei que aquilo que acontecia na igreja aos domingos poderia ter algum impacto sobre a minha segunda, terça, quarta, quinta, sexta ou sobre o meu sábado. A igreja não tinha nenhuma relevância para a minha vida. Era algo que significava tudo para os meus pais, mas, do meu ponto de vista, era como se ela servisse mais a propósitos culturais do que a propósitos espirituais. Não surpreende, portanto, que, assim que alcancei a adolescência e pude tomar minhas póprias decisões, eu deixei de frequentá-la.

Eu não fazia ideia do que o autor de Hebreus quis dizer quando escreveu: "Não deixemos de reunir-nos". Eu não fazia ideia de que ir à igreja não era algo que se fazia por obrigação religiosa ou cultural. Não fazia ideia de como isso era realmente importante. Eu não entendia totalmente que a igreja é onde podemos adorar e expressar nossa adoração a Deus (Salmos 150:6; João 4:23-24). Que a igreja é onde aprendemos a colocar Deus e seu reino em primeiro lugar e a imitar Cristo (Mateus 6:33; 1Coríntios 11:1; Efésios 5:1-2). Que é na igreja que ganhamos um entendimento maior das Escrituras e de como vivê-las, e que descobrimos a orientação de Deus para a nossa vida (Provérbios 11:14; 24:6; Colossenses 3:16; 2Timóteo 3:16). É na igreja que temos comunhão com Jesus e com nosso Pai celestial, e onde fazemos amizade com outros cristãos (Atos 2:42-47; Gálatas 6:2; 1João 1:3). É na igreja que exercemos

---

40 Merker, "Why Gather?".

nossos dons, servimos uns aos outros e temos a alegria de ver Deus transformar vidas e eternidades enquanto servimos (Romanos 12:4-8; 1Coríntios 12:26-27).[41]

E mais, além de como a igreja nos afeta pessoalmente, ela é a representação visível de Deus na terra. Quando nos reunimos, Jesus santifica o espaço; Ele aparece! "Pois onde se reunirem dois ou três em meu nome, ali eu estou no meio deles" (Mateus 18:20). Como Jonathan Leeman escreveu, em todas as Escrituras as pessoas se reuniam numa assembleia, numa tenda, num templo, como uma igreja.[42] Quando se encontravam fisicamente, elas tornavam visível o reino de Deus nesta esfera terrena. Não é isso que fazemos até hoje?

Leeman também escreveu que, quando nos reunimos como igreja, nós nos reunimos como um posto avançado do céu que é visível, audível e palpável. Afinal, "os humanos são criaturas físicas. Corpos importam. Espaço importa. União física importa". Assim, reunir-se como igreja num pedaço de geografia importa tanto quanto ser igreja.[43]

Quando encontrei os líderes da igreja perseguida na China, eles assumiram riscos enormes para se reunir em segredo, mas, mesmo assim, o fizeram. A igreja em Doha teve de fazer um grande esforço para se reunir fora da cidade, mas achava que valia a pena. Em ambos os lugares, os cristãos entenderam que existe algo poderoso na reunião, que ela tem muitos propósitos. Eles entenderam que a igreja não é um prédio, mas a igreja espalhada é obviamente fortalecida quando nos reunimos dentro de um. De inúmeras maneiras. É como permanecemos ligados, ancorados em Jesus e não ficamos à deriva. Individual e coletivamente.

---

41 Fritz Chery, "12 Biblical Reasons for Attending Church", Bible Reasons, 15 de outubro de 2020. Disponível em: https://biblereasons.com/reasons-for-attending-church/.

42 Leeman, "The Church Gathered".

43 Leeman.

PARA DE SE REUNIR E COMEÇA A SE ISOLAR

UMA IGREJA EM CADA ESQUINA

Pouco mais de 24 horas depois de Nick e eu nos despedirmos de Qatar, estávamos mais uma vez a caminho de uma igreja, dessa vez no Texas. O milagre da viagem moderna é que posso embarcar num avião no Oriente Médio e estar nos Estados Unidos dezesseis horas depois. Eu falaria a uma igreja em Houston — outra cidade famosa por sua indústria de gás e óleo. Outra cidade com arranha-céus e palmeiras majestosas. Outra cidade que se estende até a costa. Mas enquanto entrávamos e saíamos das sombras que recaíam sobre as ruas, sombras essas formadas pelo sol nascente e pela paisagem urbana, eu não pude deixar de perceber o forte contraste com as ruas de Doha.

Quadra após quadra, milha após milha, era como se eu percebesse cada símbolo cristão icônico. Torres. Sinos. Janelas de vidro colorido. Cruzes de todas as formas e tamanhos. Enquanto Nick conduzia o carro, eu ficava olhando as estátuas, os jardins de oração, os monumentos, os gigantescos sinais iluminados.

É claro que percebi a ironia nisso tudo. Ninguém precisava dirigir até um complexo na periferia da cidade para ir à igreja. Em vez disso, parecia que havia uma em cada esquina. Eu estava numa cidade com quase duas mil igrejas, incluindo mais de 35 megaigrejas, de modo que, se alguém quisesse visitar qualquer uma delas, certamente não teria que fazer uma longa viagem de carro.[44] Você consegue imaginar por quantas igrejas cada pessoa passa a caminho da igreja de sua escolha? Com certeza, passaria por pelo menos uma. Sei que, durante o caminho, eu perdi a conta.

Quando chegamos, Nick e eu entramos na igreja no momento em que a equipe de adoração estava iniciando o culto. Olhamos um para o

---

44 Ryan Holeywell, "In Houston, the Land of Megachurches, Religious Service Attendance Declines", Kinder Institute for Urban Research, 25 de abril de 2016. Disponível em: https://kinder.rice.edu/2016/04/25/in-houston-the-land-of-mega-churches -fewer-people-attending-religious-services.

outro e abrimos um grande sorriso. A equipe estava começando com um dos hinos que tínhamos cantado com a igreja em Doha.

Estávamos do outro lado do mundo, e o povo de Deus estava unido na fé, unido em adoração, elevando seu coração para Deus com o mesmo hino. Quando Jesus caminhou pela terra, Ele disse: "Edificarei a minha igreja" (Mateus 16:18). De um lado do mundo e do outro, eu estava testemunhando que Ele estava fazendo exatamente o que disse que faria. Era de tirar o fôlego.

A COMUNIDADE DA IGREJA

Todos os pensamentos que, quando mais nova, eu tive a respeito da igreja mudaram quando eu tinha 22 anos de idade. Um amigo que conheci enquanto fazia um voluntariado num centro comunitário de jovens para crianças em situações de risco me convidou para a ir à sua igreja. Lembro-me de que ele estava sempre tão animado que tive de aceitar o convite para descobrir como alguém podia se animar tanto com algo que eu achava incrivelmente entediante. Chegando lá, descobri algo completamente novo para mim: pessoas que estavam ali reunidas porque queriam estar. Porque estavam ansiosas para adorar, aprender, crescer e compartilhar o amor de Cristo. Porque estavam dispostas a se espalhar depois para encontrar pessoas como eu —que precisavam saber que Jesus as amava, morreu por elas e ressuscitou dentre os mortos para que seu passado fosse perdoado e elas pudessem ter um novo início nesta vida e uma esperança eterna para o futuro. Descobri pessoas que realmente entendiam o valor de reunir-se — a reunião ajudava a fortalecê-las e a equipá-las para sua dispersão.

A partir daquele dia, meu entendimento começou a mudar, e com o passar do tempo, a igreja se tornou família. Como toda família, nem tudo tem sido perfeito, mas tem sido um refúgio e um lar. Na igreja, comecei a lidar com a dor do meu passado danificado e, ao longo do tempo, encontrei cura e sanidade. Comecei a construir amizades vitalícias, conheci e me casei com meu marido Nick, e dediquei e criei minhas filhas na mesma igreja local. Foi lá que me apaixonei pela Palavra de Deus e aprendi a adorar de verdade. Foi lá que descobri meus dons e meu chamado. Foi lá que fui disciplinada, amada, corrigida, desafiada e enviada para o ministério. Na igreja, aprendi a amar os perdidos, a alcançar os perdidos, a me tornar ativa na luta por paz e justiça, a defender os pobres e marginalizados, e a fortalecer e empoderar mulheres. Aprendi a apreciar e me importar com o mundo que Deus nos deu. Ao longo dos anos, lutei, ri, chorei, orei, esperei, sonhei, me desesperei, sofri, regozijei e louvei, sempre com a família da fé ao meu lado — e, outras vezes, tive o privilégio de estar ao lado dos meus irmãos em Cristo quando eles passavam pelas mesmas coisas.

> **Embora sejamos magoados muitas vezes pela comunidade, também nos curamos na comunidade. Isso inclui a comunidade da igreja.**

A conexão com a família da minha igreja me ajudou a permanecer ancorada em Jesus — e a não me afastar do seu propósito para a minha vida. Ao mesmo tempo, não sou ingênua ao ponto de achar que a minha experiência com a igreja seja a mesma de todos. Estou ciente de que a palavra " igreja" faz com que algumas pessoas se recolham e recuem. Você pode ser uma delas e querer fechar este livro neste momento por causa de experiências negativas com a sua igreja. Eu entendo, mas, por favor, continue lendo. Eu estava pensando em você quando escrevi isto.

Não há dúvida de que, para alguns, a igreja tem sido uma testemunha fraca do amor e da graça de Jesus, por uma razão ou outra. Talvez, um líder que admiravam os decepcionou. Talvez, uma posição que lhes era cara foi dada a outra pessoa. Talvez, alguém no ministério infantil excluiu seu filho. Talvez, quando seu casamento ruiu, as pessoas que achavam que ficariam do seu lado ficaram do lado do seu ex-cônjuge. Talvez, foi algo muito pior.

Tenho conversado com muitas pessoas que foram profundamente feridas por outras pessoas na igreja. Algumas até me perguntaram por que eu gastaria toda a minha vida construindo justamente aquilo que lhes causou tanta dor. É uma pergunta válida. Outras apontaram as falhas da igreja ao longo das eras como prova de suas falhas inerentes.

É verdade que muitas injustiças foram cometidas em nome do cristianismo. A história não pode esconder o que tem vindo à tona ao longo dos séculos — a Idade Média, as cruzadas, as épocas em que a igreja não viveu à altura de seus próprios padrões. Em que se rendeu à corrupção. Em que ocorreram atrocidades como guerra, fome e genocídios e ela fez vista grossa. Até mesmo em gerações recentes, a igreja tem continuado a lutar com diversos problemas, embora nenhum deles seja novo — racismo, sexismo, abuso, materialismo, ganância, idolatria, nacionalismo, misoginia, legalismo, julgamento do outro. Não surpreende que alguns de vocês não queiram mais se envolver com nada disso, nem mesmo chegar perto da porta de uma igreja. Eu entendo. De verdade.

Infelizmente, eu não tenho como saber o que cada um de vocês está passado nem como se sente, mas sei que, embora sejamos magoados muitas vezes pela comunidade, também nos curamos na comunidade. Isso inclui a comunidade da igreja. Com todas as suas falhas, esquisitices, desafios e problemas, a igreja é ideia de Deus. E já que a igreja é feita de pessoas — e todos nós deste lado da eternidade somos falhos e imperfeitos —, não existe igreja sem falhas.

VOCÊ TEM ALGO PARA DAR

Às vezes, a razão pela qual paramos de nos reunir é muito mais simples. Talvez você tenha viajado de férias, perdido alguns domingos e, aos poucos, simplesmente perdeu o hábito de ir. Talvez tenha começado num emprego novo e seus horários incluíam trabalhar aos domingos. Talvez tenha se mudado e teve dificuldades de encontrar uma nova igreja. Talvez tenha sido obrigado a viajar mais por causa das atividades esportivas de seus filhos. Talvez sinta que não está mais recebendo o que recebia antigamente. Ou talvez prefira assistir a cultos *on-line* — algo que é maravilhoso quando não podemos comparecer pessoalmente. Nunca me esquecerei de quando assistir ao culto on-line se tornou nossa única opção, quando a pandemia veio e tivemos que ficar em casa. Tenho certeza de que você também se lembra. Todos nós fomos obrigados a nos isolar em nome da nossa segurança e proteção — e em nome da segurança e proteção de todos os outros. Talvez, depois disso, você simplesmente nunca voltou a congregar presencialmente.

Tenho certeza de que existem mais razões do que eu conseguiria citar, mas parece que algumas são mais comuns do que outras. Já perdi as contas de quantas vezes me perguntaram se é possível ser cristão e não ir à igreja. Eu sempre respondo honestamente que sim, é claro que sim, pois em lugar algum a Bíblia diz que você deve frequentar uma igreja para ser cristão. É claro, porém, que sendo eu uma mulher grega muito passional, eu quero ouvir a razão que se esconde por trás da sua pergunta e então lhes falo sobre minha própria experiência — com muito humor, gestos e volume. Simplesmente não consigo ser diferente!

O que eu espero que as pessoas descubram é que, quando deixamos de nos reunir, começamos a nos isolar, e com isso tornamo-nos suscetíveis a ficar à deriva — às vezes, isso resulta naturalmente em distância; e a distância, em perda de conexão.[45]

O fato de o autor de Hebreus ter nos dado o antídoto não o deixa feliz? "Não deixemos de reunir-nos". Quando nos reunimos, isso nos ajuda a permanecer conectados. Ancorados. E mais, quando deixamos de nos reunir, perdemos não só as bênçãos que isso traz, mas também a chance de sermos uma bênção para todos que vieram se reunir. Somos um corpo com muitas partes, e todos nós temos dons para dar.

---

45 Dan Reiland, "5 Reasons People Drift from Church and How to Respond", *Outreach Magazine*, 20 de junho de 2019. Disponível em: https://outreachmagazine.com/features/leadership/43753-5-reasons-people-drift-from-church-and-how-to-respond.html.

COMO EU CHEGUEI ATÉ AQUI?

Alguma vez você já se perguntou quem poderia estar perdendo algo porque você não esteve lá para dá-lo? Sempre que minhas filhas faltam à mesa de jantar, eu sinto falta delas! Sinto falta daquilo que elas acrescentam à conversa — suas observações perspicazes, suas introspecções sérias e perspectivas novas. Sinto falta de seu humor excêntrico. (Não faço ideia de quem elas herdaram isso!) Não tenho dúvidas de que prefiro jantar com elas a jantar sem elas.

O mesmo vale para a igreja. Igreja é muito mais do que aquilo que extraímos dela. Trata-se de estar no corpo de Cristo vivendo como corpo: juntos. Quando um de nós falta, isso afeta todos. O que um de nós faz — ou não faz — tem diferença. Paulo escreveu sobre isso em sua carta à igreja em Roma:

> Temos diferentes dons, de acordo com a graça que nos foi dada. Se alguém tem o dom de profetizar, use-o na proporção da sua fé. Se o seu dom é servir, sirva; se é ensinar, ensine; se é dar ânimo, que assim faça; se é contribuir, que contribua generosamente; se é exercer liderança, que a exerça com zelo; se é mostrar misericórdia, que o faça com alegria (Romanos 12:6-8).

Quando nos reunimos, vivenciamos uma graça singular. Deus passa a residir em nosso meio de modo especial quando nos reunimos.

Deus quer que cumpramos nosso papel individual no corpo. Participando. Contribuindo. Às vezes, esquecemos que vamos à igreja não apenas para o nosso próprio bem, mas também para o bem de todas as outras pessoas que encontramos ali. Não se trata apenas daquilo que nós podemos ganhar com isso, mas também daquilo que podemos dar enquanto estamos ali.

Quando Catherine ainda era bebê, foram as vovós que auxiliavam no berçário da igreja que acalmavam meu ansioso coração de mãe de primeira viagem. Quando não tinha certeza se queria deixá-la com completos estranhos, quando ela chorava e eu estava prestes a chorar também, elas me garantiam que minha filha ficaria bem, que eu devia voltar para o culto sabendo que ela pararia logo. Nas primeiras vezes, eu não tinha certeza se podia acreditar nelas. Afinal de contas, elas não a conheciam como eu a conhecia, mas, no fim, elas estavam certas. Sempre que eu voltava mais tarde, lá estava ela, dormindo nos braços de alguém. Contente. Em paz. Feliz. Quase fiquei magoada por ela não sentir minha falta. Para mim, aquelas mulheres não eram simples funcionárias da creche; eram milagreiras. Quando Catherine cresceu e se tornou uma garotinha, fiz tantas perguntas àquelas mesmas mulheres! Quando Sophia nasceu, continuei fazendo perguntas. E elas me ensinaram muito, principalmente a relaxar e aproveitar o culto. E se elas não tivessem vindo? E se o berçário estivesse cheio de mães de primeira viagem nervosas como eu?

Sou tão grata por elas não terem pensado que eram mulheres que já sabiam o suficiente e, portanto, não precisavam ir à igreja! Sou tão feliz por elas ainda reconhecerem o valor de compartilhar seus dons e cumprir seu propósito! Sou tão feliz por, de alguma forma, terem sabido instintivamente como contribuir, e não apenas consumir!

Eu poderia continuar falando sobre como pessoas na igreja têm continuado a me ajudar a lidar com todas as idades e fases da vida das minhas filhas, pois foi isso o que elas fizeram, mas o que também é importante é o que aquelas mulheres e tantas outras pessoas me mostraram sobre ir à igreja e ser a igreja. Quando poderiam ter desistido, elas continuaram, para o meu bem. Elas vieram altruisticamente e deram de si mesmas para os outros.

AQUELE QUE ESTÁ SEMPRE ESPERANDO

Todos nós conhecemos a expectativa que sentimos quando um membro da família ou amigo vem nos visitar. Lembro-me de muitas vezes em que

COMO EU CHEGUEI ATÉ AQUI?

vivi essa expectativa de rever um ente querido e de como celebrei sua chegada à moda grega — isto é, com muito barulho e muita comida. Também me lembro de momentos em que as coisas não ocorreram como o planejado e fiquei sentindo falta daquele para o qual eu tinha me preparado e cuja visita tinha esperado.

Quando se trata de reunir-nos, tenho certeza de que ninguém vive numa expectativa maior do que o próprio Deus. Embora seja verdade que, por meio da fé em Jesus Cristo, cada cristão é habitado pelo Espírito de Deus e tem acesso direto a Deus, outra coisa também é certa: "[Em Jesus Cristo] vocês também estão sendo edificados juntos, para se tornarem morada de Deus por seu Espírito" (Efésios 2:22). Neste versículo, "vocês" está no plural, não no singular. Vocês juntos são morada de Deus. Lembre-se do que Jesus disse: "Pois onde se reunirem dois ou três em meu nome, ali eu estou no meio deles" (Mateus 18:20).

A verdade é esta: quando nos reunimos, vivenciamos uma graça singular. Deus passa a residir em nosso meio de modo especial quando nos reunimos. Nossa reunião não ocorre apenas em nome de Deus, mas também na presença de Deus. E Ele não é o convidado nessas reuniões — nós é que somos.

As cartas às igrejas no livro de Apocalipse revelam que Deus não só está ciente, como também se importa profundamente com cada reunião no mundo inteiro. Ele se importa com as reuniões em Qatar. Com as reuniões no Texas. Com as reuniões nas cidades. Com as reuniões nos vilarejos. Com as reuniões famosas. Com as reuniões anônimas. Com as reuniões em liberdade. Com as reuniões às escondidas. Com a reunião que você frequenta toda semana. Cada uma delas é formada por pessoas pelas quais Jesus deu sua vida para salvar. Cada uma é um lugar que Deus escolhe como sua morada. Cada uma nos ajuda a permanecer conectados com Jesus. Cada uma nos ajuda a não ficar à deriva. Você está conectado com uma reunião local? Se estiver, continue indo e aprofunde suas raízes ainda mais! Se não estiver, quero encorajá-lo a contemplar a ideia de ir a uma reunião. Sei que talvez não seja fácil para você, mas pode ser que esse seja o elo que falta em sua corrente que ajudará você a se conectar ainda mais com Jesus, a sua âncora.

Deus está olhando, ansiando e aguardando a sua chegada, e os outros também — os outros dos quais você precisa e que precisam de você.

7

VOCÊ SABE QUE PERDEU O RUMO QUANDO

PARA DE TER FOME E COMEÇA A SE EMPANTURRAR

Quando encontro dentro de mim um desejo que nenhuma experiência neste mundo pode satisfazer, a explicação mais provável é que eu fui feito para outro mundo.

— C. S. LEWIS

"Mamãe, eu vou morrer. Eu simplesmente sei. Preciso comer algum biscoito, ou sorvete, ou qualquer coisa. Não posso continuar assim. Meu corpo não foi feito para suportar isso. Por que não temos nenhum lanche de emergência? Catherine também está sofrendo. Você é nossa mãe. Deus não quer que soframos. Não desse jeito. Tenho certeza disso."

Tudo o que pude fazer foi rir. Não fazia três dias desde que nossa adesão ao programa "Team Caine" tinha expulsado todos os carboidratos ruins da nossa casa, e Sophia estava desmoronando. Eu tinha acabado de entrar e estava atravessando a sala quando a vi jogada no sofá, com metade do corpo caindo dele. Uma atriz nata. Uma de suas mãos estava na testa, como se ela tivesse desmaiado por causa da abstinência, e ela estava realmente incorporando o personagem e a cena. Seu senso de humor é sempre excêntrico e é uma das muitas coisas que amo nela. Ela conseguia transformar qualquer momento em algo engraçado, mesmo quando fingia dar o último suspiro.

"Tenho certeza de que você viverá", eu disse. "Além disso, existem causas de morte muito piores."

"Existem?", ela perguntou com voz fraca. "Não consigo imaginar nenhuma neste momento".

Eu já pressentia que a semana seria longa. Talvez um mês longo. Ou vários meses longos.

Continuando até a cozinha, olhei em direção ao escritório e lá estava Catherine. Jogada no tapete. Olhando fixamente para o teto.

"Catherine, você está bem?", perguntei, preparando-me para o inevitável.

"Depende de como você define bem. Estou viva, mas quase morta. Fiz uma pesquisa no Google e estou apresentando cada sintoma que se pode ter a esta altura do campeonato. Desejos de açúcar. Dor de cabeça. Confusão mental. Você quer que eu seja boa na escola, certo? Como você espera que eu consiga fazer isso com confusão mental? Um artigo que li afirma que confusão mental deve ser tratada com hormônios."

"Esse é um tipo totalmente diferente de confusão mental, Catherine", eu respondi, fazendo um esforço enorme para não cair na gargalhada. "É o tipo de confusão mental que as mulheres desenvolvem quando ficam mais velhas. Você sabe, mais velhas do que eu."

"Ah...", ela estava entendendo. "Bem, mas estou com Sophia. Precisamos de biscoitos. Eu poderia dirigir até o supermercado, mas sei que todos nós assumimos esse compromisso. O que estávamos pensando? Acho que não refletimos sobre isso o suficiente. Talvez, nós nos deixamos levar pela euforia e sofremos uma falha no nosso julgamento."

Naquele momento, eu já não conseguia mais me segurar. Eu mesma tinha lidado com meus próprios sintomas durante todo o dia — principalmente com a minha incapacidade de parar de pensar em uma fatia de pão, o alimento básico de qualquer grego —, mas eu não admitiria isso na frente das minhas filhas nem à beira da morte.

"Isso é bom para nós!", eu exclamei. "Seremos mais saudáveis. Estamos fazendo isso juntos. Estamos apoiando papai e ajudando-o a ganhar sua corrida. Somos Team Caine! Estamos fazendo isso para vencer! Somos campeões! Somos mais do que conquistadores!"

Indo e vindo entre sala e escritório, fiz o melhor que pude e até peguei barrinhas com baixo teor de carboidratos na cozinha, balançando-as no ar. Mesmo assim, nenhuma delas se mexeu. Elas conheciam meu jogo, e eu conhecia o delas.

Foi aí que Nick voltou do seu treino da tarde. Há meses ele vinha treinando para a corrida Cape Epic, e o nosso novo regime alimentar tinha começado com ele.

"O que aconteceu com as meninas?", ele perguntou, depois de vê-las nos dois aposentos.

"Ah", eu disse, levantando minha voz só um tiquinho, "elas estão só descansando antes de fazer seus deveres de casa. Tiveram um dia intenso".

Os gemidos de protesto me informaram que elas tinham me ouvido perfeitamente. Estávamos nisso para vencer. Assim esperávamos. Nossa mudança de dieta tinha começado como demonstração de solidariedade com o Nick. Uns dias atrás, tínhamos jantado fora e conversado sobre a alimentação dele — uma dieta com poucos carboidratos, muita proteína e gorduras saudáveis — como parte de seu regime de treinamento.

Em geral, sempre fomos uma família consciente no que diz respeito à saúde, mas juntar-nos a ele significava levar a nossa consciência para um nível completamente diferente. Naquele momento, parecia ser a coisa certa a se fazer. Queríamos o sucesso dele. Quanto mais conversávamos durante o jantar, mais nos convencíamos de que conseguiríamos fazer isso. Poderíamos comer um pouco mais de certas coisas e muito menos de outras. Não podia ser tão difícil. Apoiaríamos o Nick e ficaríamos mais saudáveis ao mesmo tempo. Era o plano perfeito.

COMO EU CHEGUEI ATÉ AQUI?

Chegamos em casa empolgadas e imediatamente começamos a colocar na ilha da cozinha tudo o que Nick tinha declarado nocivo. Enquanto tirávamos os itens da geladeira e da despensa, todos ficamos um pouco chocados quando percebemos o que as meninas, especialmente, estiveram comendo. Elas tinham certeza de que se alimentavam de forma saudável — e, para ser honesta, eu também achava —, mas os sacos e as caixas na bancada contavam outra história. Em defesa delas, admito que muitos dos itens eram sobras de festas de aniversário e reuniões de equipe, mas alguém estava claramente comendo essas sobras. Os ingredientes listados em muitas dessas caixas revelaram muita coisa que todos nós acreditávamos não estar comendo. Brincamos dizendo que as meninas eram dependentes de açúcar, dependentes de pão, dependentes de glúten e, é claro, dependentes de biscoitos. Todos nós concordamos que os biscoitos não estavam ali por acaso.

> Parar tudo e fazer um reset em alguns aspectos da nossa vida é sempre algo bom.

Olhando para tudo aquilo, tive de me perguntar: como nós chegamos até aqui? Obviamente, tinha acontecido aos poucos, sem que nenhum de nós percebesse. Em algum momento, porém, as meninas simplesmente tinham se afastado de uma alimentação saudável. Com elas entrando na adolescência e nós passando cada vez mais tempo na estrada, provavelmente foi mais fácil do que qualquer um de nós teria imaginado. As amigas delas e a nossa equipe entravam e saíam o tempo todo da nossa casa, e o armazenamento de carboidratos pouco saudáveis e de comida cheia de açúcar tinha acontecido sorrateiramente. Deveríamos ter nos inspirado a fazer isso há muito mais tempo. Estava na hora de um reset.

No primeiro dia, as meninas estavam um pouco mal-humoradas, mas ainda apoiavam totalmente a nossa decisão.

No segundo dia, pude ouvir algumas reclamações — não só de seu estômago.

No terceiro dia, um motim estava prestes a acontecer. Catherine tinha certeza de que estava com todos os sintomas de uma gripe que alguém poderia desenvolver em casos de abstinência. Para a minha surpresa, ela realmente tinha feito uma pesquisa no Google. Eu nem sabia que isso existia, mas existia. Creio que, quando você faz uma desintoxicação de qualquer coisa, primeiro você se sente pior antes de se sentir melhor, mas sempre vale o esforço, certo? Pelo menos era o que tentei explicar para elas.

Eu sabia que aquilo me faria tão bem quanto ao Nick e suas metas de treino — e às meninas. Parar tudo e fazer um reset em alguns aspectos da nossa vida é sempre algo bom. Talvez Deus me libertaria do meu amor genético pelo pão!

Veja bem, para os gregos, nenhuma refeição é completa sem pão, seja ele tradicional, com queijo, azeite divino ou carregado de passas. Servir uma refeição sem pão seria como comer uma salada grega sem azeitonas ou queijo feta.[46] Simplesmente não seria uma salada grega. Seria alface com alguns legumes e azeite. Uma refeição sem pão é inimaginável. Se você perguntasse para a minha mãe, é provável que ela diria que, se Jesus é o Pão da Vida (João 6:35), então uma dieta pobre em carboidratos não pode ser coisa de Deus. Até quando celebrávamos a Comunhão na igreja na minha infância, o padre usava dois pães que representavam as naturezas divina e humana de Jesus, e cada pão apresentava uma marca com muitas imagens inseridas numa forma semelhante a uma cruz.[47] Nós o chamávamos de prosforo, e havia mulheres que o assavam todas as 52 semanas do ano. Fazia parte de seu serviço à igreja. Só pensar em se abster de pão era quase um sacrilégio para a minha sensibilidade grega e, portanto, também para a minha família. Mas tínhamos decidido fazer isso juntos, e assim continuamos.

---

46 Omaira Gill, "Breaking Bread in Greece", Greece Is, 16 de março de 2016. Disponível em: https://www.greece-is.com/breaking-bread-greece/.

47 Nancy Gaifyllia, "Prosforo Orthodox Offering Bread", The Spruce Eats, 13 de agosto de 2019. Disponível em: https://www.thespruceeats.com/orthodox-offering-bread-1705604; Andrew Athanasiou, "Role of Bread in the Orthodox Church", Greek Boston. Disponível em: https://www.greekboston.com/religion/prosforo/; John Lardas, "Prosphora Bread Ministry", Holy Trinity Orthodox Church, https://orthodoxct.org/prosphora_bread.

COMO EU CHEGUEI ATÉ AQUI?

Quando alcançamos a marca de 30 dias — o que, milagrosamente, conseguimos —, a transformação de nossos hábitos alimentares estava completa. Todos nós recuperamos uma consciência daquilo que estávamos colocando na boca, e as meninas realmente começaram a fazer escolhas mais saudáveis. Vê-las pegar uma fruta ou um punhado de nozes como lanche foi uma recompensa incrível para o apoio a Nick e suas metas de treino. Não permaneceríamos para sempre nessa dieta baixa em carboidratos, mas apoiar Nick e corrigir alguns de nossos hábitos alimentares ao mesmo tempo tinha sido uma decisão muito boa. (E devo acrescentar imediatamente que, ao falar da nossa experiência, de forma alguma estou sugerindo que você faça uma dieta baixa em carboidratos. Se estiver interessado em tentar, recomendo fortemente que você fale primeiro com o seu médico. Nós a fizemos por pouco tempo e com um objetivo específico.)

Desde o início, as implicações espirituais da nossa jornada não passaram despercebidas. Estávamos sendo transformados fisicamente, de dentro para fora, mas isso exigiu uma mudança externa um tanto drástica, que permitiu o início de um reset interno do nosso sistema — e nos levou ao estado da cetose.

Mas quando esse reset interno aconteceu, começamos a nos sentir mais saudáveis. Tínhamos mais energia, um foco melhor e éramos mais eficazes como um todo. Acredito que, espiritualmente, devemos agir da mesma forma. Devemos tomar uma atitude um tanto drástica externamente a fim de fazermos um reset interno. Devemos implementar uma mudança, talvez excluir algo da nossa vida. Devemos parar de fazer uma coisa para que possamos começar a fazer outra, com o objetivo de impedir que fiquemos à deriva, e abrirmos nosso apetite e paixão espirituais em alguma área específica.

Talvez alguns de nós estejam entediados, como se a vida tivesse perdido a graça. Talvez estejamos perdendo o controle, mal conseguindo sobreviver, perguntando-nos como chegamos até aqui. Às vezes, talvez mais frequentemente do que gostaríamos, nós nos encontramos num lugar em que nos perguntamos como podemos nos sentir tão distantes daquele que disse que nunca nos abandonaria (Deuteronômio 31:6, 8;

Josué 1:5; Hebreus 13:5). Daquele que é a âncora da nossa alma (Hebreus 6:19). Naquele lugar, perguntamos: Como posso me sentir como se tivesse me afastado tanto do meu propósito e da minha paixão? Quando nos sentimos desse jeito, talvez, sem querer, sem até mesmo perceber, permitimos que certas atitudes do coração, que certos comportamentos, hábitos ou padrões se tornassem parte da nossa vida — igual a todo aquele lixo que se infiltrou na minha despensa. Talvez esteja na hora de fazer uma limpeza espiritual. Talvez precisemos entrar no estado de cetose espiritual em alguma área da vida para não ficarmos mais à deriva e, então, voltarmos de onde estamos para o lugar para o qual fomos criados.

Agora, antes de começar a suar frio e se perguntar o que você precisa expulsar da sua despensa espiritual, relaxe. Eu não lhe direi o que você deve ou não deve fazer — isso é entre Deus e você —, mas lhe direi que tipo de fome e sede Deus quer que todos nós tenhamos para que permaneçamos focados, alimentando nossa alma com comida espiritualmente nutritiva, que nos impedirá de ficar à deriva e nos permitirá recalibrar caso estejamos à deriva.

O ESTADO DE CETOSE ESPIRITUAL

Obviamente, Jesus se importava muito com a nossa dieta espiritual. No Sermão da Montanha, Ele disse: "Bem-aventurados os que têm fome e sede de justiça, pois serão satisfeitos" (Mateus 5:6). Deus se importa com o nosso apetite. Ele sabe o que mais nos satisfaz, o que é mais nutritivo, o que nos dará foco espiritual, energia, paz e alegria — e bem aqui Ele nos diz que é a justiça.

Sempre que leio esse versículo, eu me pergunto se, em algum momento, Jesus entrou num estado de cetose espiritual por nós. Tenho certeza de que você não encontrará esse tipo de explicação em qualquer comentário bíblico, mas esse é o tipo de coisa que se passa pela minha cabeça, especialmente quando estou num período de abstinência de pão — especialmente, de pão grego fresco.

COMO EU CHEGUEI ATÉ AQUI?

Mas, falando sério, como, exatamente, você deve ter fome e sede de justiça? Será que é só misturar os ingredientes, amassar e assar? Bater e colocar na geladeira? Ou jogar no liquidificador e beber? Quando tenho perguntas, eu faço o que você também faz: pesquiso no Google — bem, quando se trata de algo espiritual, confesso que eu faço uma pesquisa bíblica e teológica muito mais aprofundada. E eu oro. Você não fica feliz? Em todo caso, aqui estão algumas coisas que aprendi sobre isso.

Comecemos com o estabelecimento de um fundamento. O que é justiça? Não se trata de uma palavra qualquer que usamos no nosso dia a dia, mas de uma palavra que comunica uma verdade bíblica poderosa. Justiça é estarmos justificados diante de Deus. É um presente gratuito, como a nossa salvação, e é o que nos tornamos quando aceitamos Cristo. Paulo escreveu aos coríntios, dizendo que Deus "tornou pecado por nós aquele que não tinha pecado, para que nele nos tornássemos justiça de Deus" (2Coríntios 5:21).

Ser justo significa estar diante de Deus sem culpa. Você consegue imaginar? Totalmente sem culpa! Quando Deus olha para nós, Ele nos vê como justos porque nos vê através da obra que Jesus completou por nós na cruz. Jesus se tornou nosso pecado para que nós pudéssemos nos tornar sua justiça. Que troca incrível! Entendo que essa ideia de uma justiça concedida tão livremente pode ser difícil de entender, especialmente porque fomos condicionados a merecer a maioria das coisas que recebemos: notas, prêmios, privilégios, promoções, salários, oportunidades, aprovação — e a lista continua. Praticamente tudo que nos cerca em nossa vida nos é concedido com base em nosso comportamento, em nosso esforço para provar que fizemos por merecer. Deus, porém, nos tornou justos (2Coríntios 5:21), e esse é um dos maiores presentes que Ele nos deu, pois se baseia naquilo que Jesus fez, e não em qualquer coisa que nós tenhamos feito ou que poderíamos fazer. Na verdade, quando Paulo escreveu aos Romanos, ele disse: "Não há nenhum justo, nem um sequer" (3:10). Nenhum inclui você e eu — e todos que conhecemos.

Quando entreguei todo o meu coração a Cristo, eu vinha de uma história tão danificada e cheia de culpa e vergonha que foi difícil entender que eu era a justiça de Deus. Embora minha mente soubesse que eu tinha sido declarada justa por causa da obra expiadora de Jesus na cruz, eu só conseguia me sentir injusta e envergonhada. Talvez você se sinta igual. Eu me lembro de ter gastado semanas, meses e anos, fazendo de tudo para renovar meu modo de sentir e pensar. Muitas vezes, eu dizia em voz alta ou sussurrava: "Eu sou a justiça de Deus em Jesus Cristo". Eu escrevia isso em meu diário. Eu anotava isso na margem da minha Bíblia. Eu escrevia essas palavras em notas adesivas. Eu fazia de tudo para tirar essa verdade essencial das páginas da minha Bíblia e inseri-las em meu coração. Isso aconteceu aos poucos, mas ainda hoje preciso declarar essa verdade regularmente a mim mesma.

Quando me lembro de quem sou em Cristo, quero as coisas que uma pessoa justa quer e tendo a agir mais como uma pessoa justa agiria. Eu penso, falo e ajo como quem realmente sou. Mas quando me esqueço de quem sou, fico à deriva e tendo a pensar, falar e agir como a pessoa que eu costumava ser quando não estava em Cristo. Com isso, acabo alimentando não o meu espírito, mas a minha carne, e minha dieta é exposta em palavras e ações externas. No fim, não reflito o fruto do Espírito que realmente quero refletir — amor, alegria, paz, paciência, bondade, fidelidade, gentileza e autocontrole.

Não tenho dúvidas de que existe uma correlação direta entre saber quem eu sou e as coisas das quais eu tenho fome e sede e como eu me comporto. Se eu me esforçar bastante com base em minha força de vontade natural, conseguirei agir facilmente como uma pessoa justa — digamos, por cinco minutos —, mas não consigo viver de forma consistente como quem eu sou sem realmente saber e acreditar que eu sou a justiça de Deus em Cristo Jesus.

Quando Jesus veio ao mundo como homem, sua missão era cumprir a justiça de Deus (Mateus 3:15). Ao vir para a terra, Ele trouxe para nós a obra do reino e a dádiva da salvação (Romanos 6:23). Em seus ensinamentos, Ele deixou claro que justiça é resultado de uma vida nele, de uma vida centrada em se submeter, adorar e buscar nosso Pai celestial. Nas seções das Escrituras que seguem ao Sermão da Montanha, Jesus, ao longo de três capítulos, falou da substância moral da vida justa — ou seja, o resultado de como deveria ser uma vida nele. Em Mateus 5, Ele disse:

- Devemos ser o sal da terra e a luz do mundo (v. 13-16).
- Devemos cumprir nossos juramentos a Deus e não permitir que homicídio ou adultério entrem em nosso coração (v. 17-32).
- Devemos andar a milha adicional, dizer a verdade e amar nossos inimigos (v. 33-48).

No capítulo 6, Ele nos diz como devemos dar, orar e jejuar (v. 1-18). Ele nos diz como devemos administrar nossos bens e como superar a ansiedade (v. 19-34). No capítulo 7, Ele encerra a lição instruindo-nos a não julgar, a pedir a Ele o que precisamos e a como construir nossa vida sobre o fundamento correto.

O restante dos evangelhos e do Novo Testamento, é claro, também estão repletos de versículos que nos ensinam a viver num relacionamento correto com Deus e uns com os outros; em lugar algum Deus nos diz que nossa jornada cristã deve ser vivida a partir de uma vida imersa em dever e obrigação. Ao contrário, devemos viver entregando nossa vida total e livremente a Ele.

No entanto, quando estamos à deriva, nosso apetite por justiça desvanece, e então tentamos naturalmente satisfazer nossa fome com coisas que jamais a satisfarão, da mesma forma como o fazemos fisicamente quando enchemos nosso tanque com açúcar e carboidratos vazios. Estamos com fome, mas do tipo errado de alimento, e o que buscamos tem um gosto bom, embora não seja o melhor para nós.

Como, então, podemos ter fome e sede de justiça e nada mais? Afinal de contas, justiça não é pão. Não é baklava. Não é nada que possamos tocar, saborear, sentir ou comer. Ou é?

BUSQUE JUSTIÇA

Talvez você não saiba aonde quero chegar neste capítulo, mas toda essa conversa sobre justiça e vida justa pode estar causando uma alergia em você. Eu entendo, especialmente se você vier de qualquer tipo de contexto legalista. Na verdade, você pode ter ficado à deriva intencionalmente e ter se separado de qualquer coisa que tenha a ver com cristianismo porque tudo o que você sempre ouviu foi: "Não faça isso. Não toque aquilo. Não vá para lá. Não fale desse jeito. Não se vista assim. Não sinta aquilo". É difícil amar Jesus e ter fome de sua justiça quando essas proibições e obrigações parecem contradizer grande parte daquilo que Ele veio nos dar. Posso até ouvir algumas das coisas que você pode ter dito antes de ficar à deriva: "A vida cristã deveria ser uma vida abundante. Onde está a abundância em todas essas proibições? Onde está a vida? Onde está a alegria? Onde está a paz? Onde está o amor?". Mesmo agora, ao ver a palavra "justo" impressa nesta página, talvez seja difícil não ter uma reação visceral. Você quer fechar este livro, jogá-lo contra a parede ou usá-lo como peso de porta.

Eu entendo, mas fique comigo. Respire fundo. Eu não lhe direi o que você deve e não deve fazer. Não sou sua mãe, embora você possa me ver desse jeito, espiritualmente falando. Nesse caso, sinto-me honrada, mas, como já disse, eu não lhe direi o que você deve expulsar da sua despensa espiritual. Sim, talvez você deva entrar em estado de cetose em alguma área da sua vida espiritual, mas confio que Deus lhe mostrará isso. De minha parte, só quero ajudá-lo a identificar se você deixou de ter fome e sede de justiça e se, portanto, se afastou de Jesus. Quero ajudá-lo antes que você se encontre num lugar que não esperava e se pergunte: *Como eu cheguei até aqui?*

Agora, se você já estiver nesse lugar, quero que saiba que você pode sempre voltar. Jesus andará sobre água para chegar até você. Ele te ama tanto e muito mais do que você possa imaginar. Você não se afastou demais. Não é tarde demais. Jamais.

Às vezes, penso que, quando somos salvos, ficamos entusiasmados e temos fome de justiça, mas quando todas as obrigações e proibições nos inundam, começamos a perder o rumo, e isso é compreensível. Quem quer que o amor que nos envolveu no início seja transformado em regras e regulamentos, especialmente quando a maioria deles é difícil demais de cumprir por força própria? Quem quer que toda a beleza de encontrar Cristo seja azedada por sentimentos crônicos de fracasso?

Nenhum de nós, tenho certeza disso. Todas aquelas obrigações e proibições só resultam em sentimentos de culpa, ansiedade, vergonha, condenação e fracasso — e Deus nunca quis nada disso para nós. Ele nos procurou porque nos ama e quer caminhar em comunhão conosco. Ele quer que tenhamos uma vida abundantemente frutífera. Em troca, quer que nós o busquemos.

Encontrar Deus e continuar a ter fome e sede dele, embora nem poderíamos ter encontrado Deus se Ele não nos tivesse procurado primeiro, é o paradoxo necessário da nossa jornada cristã. Jesus disse: "Ninguém pode vir a mim, se o Pai, que me enviou, não o atrair" (João 6:44). É como um ciclo perpétuo: primeiro, Deus nos atrai. Depois, nós o aceitamos. Então, o buscamos. Em seguida, continuamos a buscá-lo. Todos os dias da nossa vida. Temos fome e sede de justiça. Nós passamos a conhecê-lo e continuamos nesse caminho.

Mesmo assim, é fácil demais ceder à ideia de que, quando o encontramos, não precisamos mais buscá-lo — mas isso não é tudo. O dia em que paramos de buscar é o dia em que começamos a ficar à deriva. Talvez tenha sido essa a razão pela qual Jesus exortou os discípulos: "Busquem, pois, em primeiro lugar o Reino de Deus e a sua justiça, e todas essas coisas lhes serão acrescentadas" (Mateus 6:33). Buscar, em grego, é *zēteō*. Literalmente, significa "buscar, esforçar-se, fazer um grande esforço para encontrar ou realizar algo".[48]

O próprio Jesus nos ordena a fazer um grande esforço para buscar o reino de Deus e sua justiça em primeiro lugar. Falaremos mais sobre o reino de Deus no capítulo seguinte, mas preste atenção aqui na palavra e. O reino de Deus não é algo separado da justiça, devemos buscar ambos, o reino de Deus e a justiça em primeiro lugar. Deus se importa com os dois. Tendemos a dar mais importância a um ou ao outro, mas ambos importam a Deus. Entendo que vivemos em dias de muitas distrações. Sei como é fácil permitir que minha busca pela justiça fique em segundo, terceiro ou quarto lugar. Posso facilmente ser distraída pelos meus sentimentos,

---

48 Merrill, R. (2014). *Seeking*. Douglas Mangum, Derek R. Brown, Rachel Klippenstein e Rebekah Hurst, orgs., *Lexham Theological Wordbook* (Bellingham, WA: Lexham Press, 2014), veja verbete "seeking".

opiniões, desejos e apetites, mas Jesus nos dá uma chave poderosa para impedir que fiquemos à deriva, e essa chave é buscar o reino e sua justiça em primeiro lugar.

Quantas vezes acabamos pensando, fazendo ou dizendo aquilo que é completamente injusto, só porque a nossa busca pela justiça perdeu o primeiro lugar? Descobri repetidas vezes que, quando priorizo o que é mais importante, todo o resto tende a ficar no lugar que lhe cabe.

Quando Paulo escreveu ao seu protegido Timóteo, ele disse que devemos ser vasos de honra, santificados, úteis para Deus e preparados para toda boa obra. Então, continuou: "Fuja dos desejos malignos da juventude e siga a justiça, a fé, o amor e a paz, juntamente com os que, de coração puro, invocam o Senhor" (2Timóteo 2:21-22). Acho interessante que, primeiro, Paulo diz a Timóteo que ele deve fugir das paixões da juventude e então o instrui a buscar a justiça. A maioria de nós já ouviu falar em fuga. Estamos bem familiarizados com todas as coisas das quais

> Às vezes, a maneira mais fácil de resolver um problema é buscar a solução. E a solução para a nossa alma é a âncora da nossa alma: Jesus.

devemos fugir — você sabe, toda a lista de obrigações e proibições —, mas será que estamos familiarizados com aquilo que devemos buscar?

Quando minhas filhas eram mais novas e eu lhes dizia que não deviam se aproximar de algo que era perigoso, como a rua na frente da nossa casa, inevitavelmente, assim que virava de costas, era para lá que elas queriam correr. Parecia que, quando eu dizia que elas não deveriam fazer algo, elas se sentiam atraídas a experimentá-lo. Eram crianças normais! Tive de aprender o que a maioria das mães faz e dar-lhes algo muito mais interessante em que pudessem se concentrar ou buscar. Desviar sua atenção era a melhor maneira de mantê-las seguras — ao mesmo tempo em que lhes ensinava o que era melhor para elas.

Da mesma forma, Deus diz "não faça isso" porque Ele sabe que a coisa que somos tentados a alcançar colocará em risco o nosso florescimento. Quando Deus diz "não", não é porque Ele quer nos privar de algo bom; é porque Ele está tentando obter algo ainda melhor para nós. Cada um dos limites de Deus é um ato de amor profundo. Ele está cuidando de nós! Suas dádivas são boas, pois cada dádiva boa e perfeita vem de Deus, e Ele não nega nenhuma coisa boa àqueles que vivem em integridade (Tiago 1:17; Salmos 84:11). As obrigações e proibições de Deus são para o nosso bem. Não foram criadas para nos machucar ou prejudicar. O que devemos aprender é a confiar nele e fugir das coisas destrutivas — mesmo que a nossa carne as veja como boas e certas — para que possamos correr para Jesus e sua justiça.

Se tirarmos nosso foco de mudar nosso comportamento e fixarmos nossos olhos em Jesus (Hebreus 12:2), correndo atrás dele, a justiça nos transformará — em vez de tentarmos transformar a nós mesmos. Ela nos ancorará em Jesus e nos ajudará a não sermos levados pelas correntes da era em que vivemos.

É como entrar em estado de cetose. Quando nossa família começou a evitar açúcar, farinha de trigo e carboidratos nocivos, começamos a buscar escolhas mais saudáveis. Corremos atrás das coisas boas e, eventualmente, deixamos de desejar as coisas ruins. Às vezes, a maneira mais fácil de resolver um problema é buscar a solução. E a solução para a nossa alma é a âncora da nossa alma: Jesus. Veja, fugir das nossas paixões da juventude, quaisquer que sejam, e correr para Jesus é correr para a vida. Sabe por quê? Porque Jesus não só nos dá vida — embora Ele faça isso, e a vida que Ele nos dá é mais abundante —, Ele é vida! Ele é o caminho, a verdade e a vida (João 14:6). Ele é a ressurreição e a vida (João 11:25). Receber Jesus significa receber vida. Vida não é apenas uma dádiva que Ele nos dá; é quem Ele é. Correr para Ele é correr para a vida.

Mas, mesmo entendendo isso, algumas perguntas permanecem sem resposta. Como buscamos justiça? Como devemos ter fome? Como podemos ter sede?

COMO PODEMOS TER FOME?

Para começar, temos fome sentindo fome. (Eu sei, isso soa simplicista, mas continue acompanhando.) Fome começa quando desejamos mais de Deus. Tantas vezes ficamos preguiçosos em nossa busca por Deus porque acreditamos que já temos tudo de Deus que podemos ter. Bem, é claro, nunca dizemos isso em voz alta, mas nossas ações falam por si mesmas.

Sendo assim, por que buscar o que já temos? Nossa falta de busca revela que acreditamos que já temos o que queremos, mas sempre existe mais de Deus que podemos ter. Sempre. Para você e para mim. Você percebe que, não importa por quanto tempo ou até onde corremos atrás de Deus, nós nunca conseguimos esgotá-lo? Jamais chegaremos ao fim dele. Ele é uma fonte inesgotável. Podemos conhecê-lo e ainda assim ter tanto a descobrir sobre a profundeza de suas riquezas (Romanos 11:33). Podemos conhecer seu amor e ainda assim ter tanto a descobrir sobre a amplitude, o comprimento, a altura e a profundeza de seu amor (Efésios 3:18). Podemos conhecer sua misericórdia e ainda assim experimentar sua misericórdia de maneira nova a cada dia (Lamentações 3:22-23). Podemos ouvir dele e ainda assim ter tanto mais a ouvir.

Começamos a ter fome sentindo fome. Querendo mais dele. Pedindo mais dele. Se você percebe que não está com fome, então peça que Ele a aumente. Ele fará isso. Ele é fiel. Ele adora responder uma oração que pede mais dele. Depois de pedir, deleite-se. Como já mencionamos, desejamos o que comemos. Qual é sua dieta espiritual? Você está se deleitando comendo o Pão da Vida? Está reservando tempo para estar com Deus, com sua Palavra e em oração todos os dias? Tantas pessoas começam tão bem sua jornada com Cristo, implementando essas práticas e crescendo na medida em que as praticam, mas então, em algum momento, elas passam a acreditar que já superaram tais práticas — e então param de crescer quando param de se deleitar. Tempo com Deus não é elementar, é essencial. É essencial para crescer nele, para crescer com Ele e para crescer em sua justiça. Quando passamos tempo com Deus, Ele nos transforma e nos

COMO EU CHEGUEI ATÉ AQUI?

faz crescer. Ele aumenta nosso desejo por mais dele e aumenta nossa fome e sede — nosso desejo — de justiça.

Buscar justiça exige deleite, mas exige também jejum. Assim como o nosso estômago, o espaço no nosso coração é limitado. O espaço na nossa mente é limitado. O espaço na nossa alma é limitado. A fim de comer com deleite, devemos jejuar. Precisamos abrir espaço para mais.

Ao longo dos anos, meu hábito tem sido dar um passo para trás e avaliar com que busca estou gastando meu tempo, caso eu tenha ficado à deriva e minhas prioridades tenham saído de ordem. Houve momentos em que decidi me abster de coisas para permanecer próxima de Jesus. Às vezes, era comida ou TV; às vezes, eram determinados amigos ou livros; outras vezes, eram as notícias e as mídias sociais. Normalmente, coisas simples. E eu fazia isso por um período, não para sempre.

Foi assim quando nossa família baniu os carboidratos nocivos. Nossa intenção não era nunca mais comer carboidratos. Não tenho certeza se as garotas teriam sobrevivido a isso, mas quando percebemos o quanto tínhamos perdido o caminho, isso se tornou um passo necessário. Descobri que algumas coisas precisam ser banidas da nossa vida para sempre — pois são realmente prejudiciais — e outras precisam ser banidas por um tempo até conseguirmos voltar a nos ancorar firmemente. Em outras palavras, alguns de nós conseguem comer uma fatia de pizza, e alguns de nós não conseguem parar antes de ter comido a pizza inteira. Não direi em qual grupo eu me encaixo, mas basta dizer que é melhor eu não comer pizza com frequência.

Você tem fome e sede de justiça, fome e sede de mais de Deus? Você sabe disso com base naquilo que você quer, que lhe dá deleite, do qual você se abstém. Você está se deleitando em Deus e se abstendo daquilo que o leva a ficar à deriva? Está se abstendo de Deus e se deleitando naquilo que o leva a ficar à deriva? Se você está à deriva, talvez esteja na hora de entrar em estado de cetose espiritual. Talvez esteja na hora de fazer uma mudança — talvez até uma mudança drástica — não por razões legalistas, mas a fim de parar de ficar à deriva, a fim de se ancorar em Jesus mais uma vez e buscar a justiça.

Não sei de que você tem fome e sede neste momento, mas a boa notícia é que você não precisa banir os carboidratos; você poderá se deleitar com o Pão da Vida. Confie em mim, nunca é tarde demais para mudar seus hábitos alimentares. Para deixar de comer porcaria e se alimentar com coisas saudáveis. Para deixar de se empanturrar com o mundo e ter fome de Deus. Para ter fome e sede de justiça. Para buscar justiça com todo o seu coração.

8

VOCÊ SABE QUE PERDEU O RUMO QUANDO

PARA DE AGIR
E COMEÇA A OBSERVAR

Faça todo o bem que puder, com todos os recursos que tiver, de todas as formas que puder, em todos os lugares que puder, em todos os momentos que puder, para todas as pessoas que puder, pelo máximo de tempo que puder.

— A REGRA DE JOHN WESLEY

Olhando pela janela da cozinha para os homens que trabalhavam em nosso jardim, tudo o que eu conseguia fazer era balançar a cabeça. Mamãe estava fazendo aquilo de novo. Parecia que ela tinha sobrevivido ao inverno apenas para esse ritual anual de primavera. Para esse momento de conquista. Para esse testamento da nossa herança grega.

COMO EU CHEGUEI ATÉ AQUI?

Eu me preparei para o que viria a seguir, para aquilo que viera a temer em anos recentes. Não importava que eu tinha montes de dever de casa, ou que estava no último ano do Ensino Médio, ou que me sentia velha demais para satisfazer minha mãe e seus loucos hábitos gregos sentimentais.

"Christine, os homens estarão prontos para você logo, logo", ela começou. "Tire seus sapatos e lave seus pés. Dessa vez, quero marcas de suas mãos e de seus pés."

Quis protestar, mas não ousei. Durante toda a minha vida, eu tinha ouvido sobre o porquê de aquilo ser tão importante. Para a minha mãe. Para os nossos ancestrais. Para todos os gregos mortos que nunca conheceríamos. Eu podia sentir o peso esmagador da história. Quantas vezes meu pai não me lembrou de que, três séculos antes de os romanos o aperfeiçoarem, os gregos tinham inventado o concreto?[49] Sim, os egípcios usavam um tipo de argamassa ou cimento primitivo quando construíram as pirâmides,[50] mas para os gregos isso não contava. Eram só as pirâmides, e a argamassa que usavam não era exatamente igual a concreto — e se os gregos podiam reclamar para si o mérito de algo, eles com certeza o faziam. Consequentemente, para um grego, concreto representava tanto o orgulho nacional quanto as Olimpíadas, e aos olhos de mamãe, tínhamos a obrigação de levar a tocha adiante. Eu tinha certeza de que ela estava numa missão pessoal de levar o legado do concreto até onde conseguisse pagar.

Aos poucos, ano após ano, mamãe trabalhou para guardar dinheiro e contratar uma equipe para cobrir nosso jardim. Seção por seção. Lote por lote. E ela queria as mãos e os pés de seus três filhos como marcas temporais em cada uma de suas conquistas territoriais. Você faz ideia de como é vergonhoso ser uma adolescente e um homem enfiar seu pé em concreto fresco? Eu não sabia até quando ela pretendia continuar com aquilo, mas

---

49 Damon, "25 Ancient Greek Inventions We Still Use", History Things, 26 de abril de 2020. Disponível em:https://historythings.com/25-ancient-greek-inventions-still-used-today/.

50 Mary Bellis, "The History of Concrete and Cement", ThoughtCo., 6 de março de 2019. Disponível em: https://www.thoughtco.com/history-of-concrete-and-cement-1991653.

eu queria que todo aquele jardim fosse completamente concretado muito mais cedo do que a minha mãe.

Na época, e a despeito de seu pequeno tamanho geográfico, a Grécia produzia mais concreto do que a Europa e as Américas, passando até a embalá-lo e exportá-lo.[51] Tenho certeza de que, se tivesse sido financeiramente viável, minha mãe teria importado seu concreto da pátria dela, embora eu suspeite que isso não teria mudado nada em termos de aparência do nosso jardim. Afinal de contas, cinza é cinza, certo? Evidentemente, a Grécia não ocupa mais uma posição de prestígio no mundo da produção de concreto, mas suponho que seja uma simples questão de oferta e demanda. Imagino que não resta muita grama na Grécia, graças ao orgulho nacional e a pessoas como mamãe.

Sempre acreditarei que mamãe mandou concretar cada seção no início do verão, não só porque ela tinha guardado dinheiro durante todo o inverno, mas também porque isso lhe dava o resto do verão para lavar o concreto – sendo isso necessário ou não. Enquanto fazia calor, quando mamãe desaparecia, sabíamos onde procurá-la – e lá estaria ela, lavando o concreto com a mangueira na mão, levando as folhas e os galhos da árvore até o fundo do terreno. Durante horas. Veja bem, para um grego, uma mangueira é uma vassoura. Na verdade, às vezes, a mangueira é chamada de vassoura grega.[52] Ou vassoura mediterrânea.[53] E não importa quantas tentativas os ambientalistas façam para nos ensinar a economizar água, um grego de verdade continua usando a mangueira. Não estou dizendo que seja certo ou errado, muito menos que seja economicamente sensato, mas é assim que as coisas são – especialmente para mamãe.

---

51 "History of the Greek Cement Industry", Hellenic Cement Industry Association. Disponível em: http://www.hcia.gr/en/compay/greek-cement/.

52 Muzore, Urban Dictionary, veja verbete "Greek broom", 5 de outubro de 2017. Disponível em: https://www.urbandictionary.com/define.php?term=Greek%20 broom.

53 Daveyyyy10, Urban Dictionary, veja verbete "Mediterranean Broom", 6 de dezembro de 2011. Disponível em: https://www.urbandictionary.com/define. php?term=Mediterranean%20Broom.

COMO EU CHEGUEI ATÉ AQUI?

Meus pais e todos os seus amigos costumavam dizer que, se você quisesse aumentar o valor de sua propriedade no bairro, bastaria convidar gregos para morar com você, pois ninguém sabe concretar um jardim como eles. E ninguém sabe usar uma vassoura grega como um grego. Parafraseando Júlio César, que disse: "Veni, vidi, vici" — "Vim, vi, venci" —, ainda consigo ouvir suas risadas, gritando: "Viemos! Vimos! Concretamos!".

Meus pais tinham tanto orgulho de seus costumes gregos! Às vezes, a despeito de todas as histórias de como eles tinham chegado a Sidney e deixado tudo para trás, eu tinha certeza de que nada havia ficado para trás, pois eles trouxeram toda sua natureza grega consigo — incluindo a propensão a derramar concreto em cada centímetro quadrado de propriedade. Quando alcancei a idade adulta, nosso jardim já era o cenário perfeito para a dança de 50 pessoas como Zorba, o Grego, ou dois times de basquete. A escolha é sua.

Para ser honesta, tudo em nossa vida era uma homenagem à nossa herança – não só o concreto no nosso jardim. Toda a nossa casa – juntamente com muitas outras – tinha mais lembranças, estátuas e tributos à nossa pátria do que você pode imaginar. Até a fachada das nossas casas já apontava para o santuário que se encontrava atrás da porta da frente. Se algo podia ser comprado, pintado ou exibido nas cores azul e branco, nós o fazíamos. Tudo, desde colunas icônicas até móveis de varanda pintados e vasos de flores, remetia à Grécia. Acredite, se alguém tivesse construído e vendido galpões ao estilo do Partenon, tenho certeza de que meus pais e todos os seus amigos teriam comprado aquilo – mas só depois de concretaram a área em que o instalariam.

Visto que meus pais – e todos os seus amigos – emigraram para a Austrália sem ninguém em que pudessem se apoiar senão uns aos outros, eles simplesmente eram assim. Eles se ajudavam em tudo. Quando não sabiam onde comprar um carro, quando precisavam de um emprego ou quando precisavam de alguém para concretar seu jardim. Eles se reuniam, firmados na ideia de que havia segurança nos números, mesmo após terem se assentado e isso já não ser mais necessário. Em retrospectiva, consigo entender seu medo do desconhecido, mas crescer como filha de imigrantes gregos da primeira geração significava crescer numa bolha muito grega.

Passei toda a minha infância dentro dessa bolha. Certa vez, durante o Ensino Fundamental, fui convidada para dormir na casa de uma amiga e mamãe disse não, só porque ela não era grega. Creio que não existia nada que fizesse meus pais se sentirem mais ameaçados do que os não gregos e seus costumes. Por isso, sempre que eu recebia a permissão de ir a uma festa de aniversário, isso se devia ao fato de que se tratava de uma festa exclusivamente grega. Quando nossa família ia a um casamento, isso se devia ao fato de que era um casamento exclusivamente grego. Qualquer tipo de evento do qual participávamos acontecia dentro da comunidade grega tão unida. Mas quanto mais eu crescia, mais difícil ficava entender por que meus pais, e tias, e tios, e primos, e todos os seus amigos e vizinhos gregos permaneciam entre si o máximo possível, como se tivessem medo daquilo que poderia acontecer se se aventurassem numa cultura diferente.

Eles só confiavam uns nos outros, e não era porque não falassem inglês. Na verdade, meus pais dominavam cinco línguas. Além do árabe, que eles aprenderam crescendo no Egito, eles também falavam grego, francês, italiano e inglês. Eram pessoas brilhantes! Sabiam movimentar-se na sociedade moderna, mas decidiram viver num pequeno mundo que eles mesmos tinham construído.

Para mim e meus irmãos, toda essa vida homogênea era simplesmente o mundo que conhecíamos – e acredito que meus pais realmente esperavam que déssemos continuidade à nossa herança grega, como se a diversidade e influência cultural de Sidney não existisse. Mas não éramos eles.

Éramos australianos – de nascimento. Queríamos explorar o nosso país e tudo o que ele tinha a oferecer. Eu amava sanduíches de queijo feta e azeitonas, mas estava curiosa para descobrir mais sobre meus amigos não gregos e seus lanches de pão branco e pasta de extrato de levedura – algo que vim a amar e amo até hoje. Desde que consigo me lembrar, eu sempre quis me aventurar lá fora. Queria saber como os outros viviam e sobre o que conversavam. Queria saber o que faziam para se divertir, o que celebravam e até mesmo o que pensavam. Eu queria sair daquela bolha. E suponho que, do meu jeito, foi o que fiz. Pouco a pouco.

Desde sempre, eu tentava romper os limites, especialmente para uma garota. Eu era estudiosa. Era uma pensadora independente. Era uma líder. Mesmo quando me metia em encrenca por causa disso — o que acontecia quase sempre. No nosso mundo, uma garota nunca era encorajada a ser culta, intelectual ou a ter qualquer ambição que não fosse casar-se e ter filhos, mas eu também sentia que estava sendo chamada para algo mais – embora não fizesse ideia do que poderia ser. E ao contrário da maior parte da minha família, eu estava disposta a me arriscar para descobrir. Certamente existiam outras possibilidades. Eu parecia ter uma cabeça própria desde o início, o que, admito, me predestinava a ser uma rompedora de bolhas.

Dentre as minhas muitas maneiras de causar pequenos escândalos, a minha decisão de me matricular na Universidade de Sidney certamente foi uma delas. Minha decisão de entregar minha vida totalmente ao senhorio de Jesus aos 22 anos de idade foi ainda maior. Quando, então, comecei a frequentar uma igreja diferente regularmente aos 22 anos, me matriculei na escola bíblica e, mais tarde, entrei no ministério, minha família já não sabia mais quem eu era. E eu entendo, pois ninguém na minha família jamais havia feito algo parecido. Eu tinha me afastado tanto da bolha grega insular e segura que eles tinham criado, e de todas as suas expectativas relacionadas a mim, que chegaram a acreditar que tinham me perdido para sempre. Eu queria tanto que eles entendessem que sair da bolha nunca significou abandonar quem eu era, mas abraçar mais daquilo que eu havia sido criada para ser.

A NATUREZA DAS BOLHAS

Agora que tenho vivido mais de trinta anos fora da bolha, entendo bastante sobre bolhas – especialmente, que elas podem ser construídas por tantas razões diferentes quanto existem pessoas. Elas existem em todas as formas e tamanhos. Podem existir em qualquer parte do mundo e em qualquer segmento da sociedade. Podem ser bolhas familiares. Culturais. Educacionais. Bolhas relacionadas à carreira. Bolhas econômicas. Nacionais. Religiosas. Políticas. Podem estar relacionadas à idade, etnia ou objetivos. A uma paixão ou busca. Bolhas podem ser construídas para prender ou excluir pessoas. Podem ser construídas por razões boas e para fazer coisas boas. Mas também podem ser construídas por razões ruins e para promover coisas ruins. Não importa como ou por que uma bolha exista, ela continua sendo uma bolha, e é aqui que está o problema.

O problema das bolhas é que elas podem nos limitar de várias maneiras diferentes. Elas têm o potencial de restringir nossas experiências, influência, criatividade e até nossa visão do mundo. Podem limitar nosso entendimento, tolerância e empatia, especialmente quando se trata daqueles que vivem fora da nossa bolha particular. No entanto, por mais limitantes que sejam, parece ser muito mais fácil viver dentro de uma bolha do que fora dela.

Dentre todas as bolhas que tenho observado ao longo dos anos, existe uma bolha específica à qual todos os seguidores de Cristo deveriam estar atentos. Se não formos cautelosos, podemos nos contentar inadvertidamente com um estilo de vida cristão que nos restringe a viver dentro da bolha da subcultura cristã – em vez de viver a vida abundante para a qual Jesus nos chamou no mundo real e atual.

Entendo que viver na bolha cristã pode ser tentador. Que simplesmente pode acontecer. Existe grande conforto, familiaridade e segurança em ter somente amigos cristãos e em limitar-nos a assistir apenas a filmes cristãos, a ler apenas livros cristãos

> Se não formos cautelosos, podemos nos contentar inadvertidamente com um estilo de vida cristão que nos restringe a viver dentro da bolha da subcultura cristã – em vez de viver a vida abundante para a qual Jesus nos chamou no mundo real e atual.

e a ouvir apenas podcasts cristãos. Existe uma segurança e facilidade em frequentar a igreja, estudos bíblicos, retiros e conferências com outros cristãos. Uma vez que aprendemos a linguagem, entendemos a dinâmica e encontramos nosso ritmo, podemos gastar todo o nosso tempo dentro da bolha, sem jamais nos aventurarmos do lado de fora. E é quando podemos nos esquecer do que Jesus nos disse: "Portanto, vão e façam discípulos de todas as nações, batizando-os em nome do Pai e do Filho e do Espírito Santo" (Mateus 28:19) e: "Vão pelo mundo todo e preguem o evangelho a todas as pessoas" (Marcos 15:15).

> **Eu não fui criada para viver dentro de uma bolha – seja ela grega ou de qualquer outro tipo. E você também não foi.**

Você percebe que Ele nos instruiu a ir pelo mundo todo, não para todas as bolhas cristãs, e nos esconder até Ele retornar? Por que Jesus nos diria para ir pelo mundo todo? Porque *"Deus tanto amou o mundo* que deu o seu Filho Unigênito, para que todo o que nele crer não pereça, mas tenha a vida eterna" (João 3:16; grifo meu).

Entendo como pode ser fácil olhar para o caos no nosso mundo e pensar que Deus só deve estar aguardando o momento certo para mandar tudo pelos ares e começar de novo – que ele odeia o mundo e como ele se corrompeu –, mas nada poderia estar mais longe da verdade. Deus ama o mundo, tanto que enviou Jesus ao mundo, e então Jesus nos enviou. Até na última noite de sua vida, pouco antes de ser crucificado, Ele orou para ser glorificado, orou por seus discípulos e orou por nós (João 17).

Últimas orações são tão importantes quanto últimas palavras, e foi isto que Jesus orou: "*Não* rogo que os tires do mundo, mas que os protejas do Maligno. Eles não são do mundo, como eu também não sou. Santifica-os na verdade; a tua palavra é a verdade. Assim como me enviaste ao mundo, *eu os enviei ao mundo*" (v. 15-18; grifos meus). Embora Jesus tenha pedido a Deus que ele não nos tirasse do mundo, às vezes, sem querer, nós mesmos fazemos isso – normalmente, porque caímos na armadilha de um de três adversários. Três adversários que resultam numa missão à deriva.

PARA DE AGIR E COMEÇA A OBSERVAR

A BOLHA E A PRESENÇA DO MEDO

Eu me lembro de todas as vezes em que minha mãe tentou me manter dentro da bolha grega. Ela não entendia o povo e a cultura australianos, por isso temia o desconhecido. Em vez de tentar entender a cultura australiana, fomos instruídos a evitar sua assimilação para não perdermos nossa essência grega. Ela estava tentando me proteger porque acreditava que, se eu me aventurasse fora da bolha, certamente seria corrompida, perderia meus valores, abandonaria minha cultura e nossas tradições. Mas a verdade é que a bolha estava me sufocando porque eu não fui criada para viver dentro de uma bolha – seja ela grega ou de qualquer outro tipo. E você também não foi.

Às vezes, tenho a impressão de que tememos ser manchados por pessoas que não são cristãs – talvez não de verdade, mas em nossa reputação. Esse medo de manchar a própria reputação era o maior medo da maioria dos líderes religiosos dos dias de Jesus. Eles se preocupavam com sua aparência; era mais importante para eles serem vistos como santos do que realmente serem santos, totalmente devotos a Deus e sua missão. Eles criticavam Jesus pela companhia em que Ele estava – pecadores e coletores de impostos. E o que Jesus respondeu a eles? Ele lhe disse: "Não são os que têm saúde que precisam de médico, mas sim os doentes. Eu não vim para chamar justos, mas pecadores" (Marcos 2:17).

Quando conhecemos Cristo, podemos ter que nos afastar de certos ambientes – distanciar-nos das fortalezas do pecado – enquanto tomamos novos passos de crescimento nele. E mesmo quando continuamos a amadurecer nele, devemos ser sábios em oração para não nos expormos a situações e ambientes que nos tentam. Contudo, essa sabedoria é bem diferente de viver no cativeiro do medo e como um cristão que se desviou de sua missão. Quando cedemos ao medo – não à sabedoria – e nos recusamos a sair das nossas bolhas por causa do risco de "contaminação", declaramos o seguinte: que acreditamos que o Espírito Santo de Deus que vive em nós – você sabe, aquele mesmo Espírito que ressuscitou Jesus dentre os mortos – não tem o poder de impedir que caiamos vítima do mundo mesmo estando no mundo. Mas essa é uma das razões pelas quais Jesus enviou o Espírito Santo para residir em nós: Ele nos dá o poder de sermos testemunhas *no mundo* (Atos 1:8). Temos o poder de estar no mundo e não ser dele porque o Espírito Santo reside em nós e nós fomos comissionados a ir pelo mundo todo e fazer discípulos em todas as nações.

A BOLHA E A PERDA DE FOCO

Um segundo adversário da missão é a perda de foco. Às vezes, permanecemos dentro da bolha porque não conseguimos enxergar para além dela. Porque nos tornamos míopes. Porque substituímos uma missão por outra: trocamos a missão de *ir* pela missão de *permanecer*.

Quando substituímos nosso chamado de seguir Jesus pelo mundo todo para fazer discípulos por um chamado de aprender apenas como viver uma vida moralmente correta e boa dentro da bolha cristã – limitando-se apenas a tentar não pecar até morrermos e irmos para o céu, onde tudo será maravilhoso – ficamos entediados, frustrados e desanimados. Por quê? Porque não estamos florescendo no lugar para o qual Jesus nos chamou, que é o mundo.

Quando perdemos o foco e trocamos essa missão por outra, perdemos toda a aventura e todo o propósito que Deus planejou para nós aqui na terra. Lá no fundo, nos sentimos separados de Jesus e de seu propósito porque temos um anseio de fazer aquilo para o qual fomos criados: ir. Para o mundo todo. E fazer discípulos. Já que não estamos fazendo o que fomos criados a fazer, ficamos à deriva – cada vez mais afastados do propósito para o qual Ele nos colocou neste planeta.

Não estou sugerindo que devemos fugir das nossas comunidades cristãs e trocá-las por uma vida nômade. Como já descobrimos, as práticas de orar, buscar a Palavra, nos reunir e andar em santidade maior são essenciais para nos manter ancorados em Jesus. Mas se não estivermos determinados a levar tudo o que aprendemos e desenvolvemos por meio da nossa jornada cristã para o mundo, então podemos facilmente nos encontrar à deriva de uma maneira que nunca esperávamos, raramente interagindo com não cristãos. Podemos descobrir que estamos recuando aos poucos e não estamos mais nos esforçando para conhecer pessoas novas que não se parecem conosco, que não agem como nós, que não pensam como nós nem acreditam como nós. Podemos passar a vida inteira vivendo na bolha porque não estamos olhando para além dela.

A BOLHA E A AUSÊNCIA DE FÉ

Quando Jesus andou nesta terra, o reino de Deus irrompeu no mundo com grande poder. Jesus abriu olhos cegos (Marcos 10:46-52). Curou ouvidos surdos (Marcos 7:35). Falou e os paralíticos andaram (Lucas 13:10-17; João 5:1-14). Ele multiplicou comida (Mateus 14:13-21). Transformou água em vinho (João 2:1-12). Ordenou que forças malignas se afastassem – e elas se afastaram (Mateus 8:28-34). Defendeu os oprimidos e se opôs à injustiça.[54] Ele defendeu os pobres e explorados (Lucas 4:18). Não surpreende que Jesus falou sobre o reino mais do que sobre qualquer outra coisa (Lucas 4:43). Sobre mudar este mundo. Sobre trazer o céu para a terra. Mesmo quando Jesus orou o que hoje chamamos de Pai Nosso, Ele disse: "Venha o teu Reino; seja feita a tua vontade, assim na terra como no céu" (Mateus 6:10).

O reino de Deus é definido como "o governo de Deus". *O governo de Deus é o ato de Deus* de corrigir as coisas e ajudar as pessoas e o mundo a funcionar como pretendido.[55] Portanto, parte da nossa realização do trabalho do reino aqui na terra significa que, quando vemos o que está errado, fazemos o possível para corrigir esse erro. Quando vemos pobreza, preconceito, sexismo, racismo, ódio, misoginia, abuso, desigualdade, desemprego, falta de acesso à educação ou à saúde, ou uma falta de cuidado com a criação; se tivermos poder para fazer algo, então o fazemos. Somos

---

54 Stephen Mattson, "Jesus Was a Protester", *Sojourners*, 16 de março de 2016. Disponível em: https://sojo.net/articles/jesus-was-protester.

55 Caine, 20/20: Seen. Chosen. Sent. (Nashville: Lifeway, 2019), p. 171.

chamados para transformar lugares inférteis em lugares frutíferos, para trazer reconciliação e restauração para onde e para quem pudermos.[56]

Imagine a diferença que poderíamos fazer na vida das pessoas se, sempre que víssemos injustiça, decidíssemos nos envolver. As pessoas que ajudamos não estariam muito mais abertas para nós e para um Deus que se importa profundamente com elas e com seus problemas?

Até Jesus voltar pela segunda vez para estabelecer plenamente seu reino físico nesta terra, Ele quer que façamos o que Ele fez. Ele quer que chamemos a atenção das pessoas para Deus e sua bondade, e para as todas as maneiras em que Ele é gracioso, misericordioso, compassivo e digno de confiança. Ele quer que entendamos que não fomos apenas salvos *de* algo, mas que fomos também salvos *para* algo, e esse algo é a obra do reino aqui na terra (2Coríntios 5:11-21).

Porém, se estivermos vivendo numa bolha, então estamos nos afastando do lugar para o qual fomos enviados e das pessoas que deveríamos alcançar. Sem perceber, do ponto de vista da nossa bolha, paramos de agir e passamos a apenas observar, mas não fomos chamados para isso. Ouso alegar que, embora sejamos aqueles que foram chamados para alcançar os perdidos, se estivermos presos num mundo que nós mesmos criamos, dentro da subcultura da nossa fé cristã, à deriva dentro de uma bolha, então, talvez, os perdidos sejamos nós mesmos.

PERDIDA – COMO UMA CARTA NOS CORREIOS

Quando saí da Austrália pela primeira vez, senti uma falta terrível da minha mãe. Eu sentia falta de poder correr até a casa dela e deixar algo ou pegar algo. Sentia falta dos abraços dela, das comidas que ela preparava e de toda a sua fofoca sobre os vizinhos. Eu até sentia falta de seu jeito maluco de lavar o jardim concretado. Ela era uma parte tão integral

---

56 Caine, p. 175.

da nossa vida. Embora nossa vida fosse tão agitada como a de qualquer família, nós a víamos com regularidade. Não havia nada que ela amasse mais do que abraçar minhas meninas quando elas entravam correndo pela porta de sua casa. Ela as adorava como adorava todos os seus netos. Você pode imaginar como foi difícil deixá-la, especialmente sabendo que Catherine e Sophia não poderiam mais vê-la com a mesma frequência. E ela não poderia continuar a vê-las crescer, passando por seus eventos ou atividades escolares, indo para suas festas de aniversário. Foi uma transição e tanto.

Eu fiz de tudo para ligar para ela com frequência, mas por causa do fuso horário e das nossas agendas lotadas, às vezes, era difícil entrar em contato. Quando tinha um pouco de tempo livre, porque estava sentada num aeroporto aguardando meu voo, eu precisava conferir o dia e o horário antes de ligar. E quando ela estava em algum de seus eventos regulares, como a noite de bingo, por exemplo – algo que ninguém ousava interromper —, eu não podia ligar.

Em várias ocasiões, quando a visitávamos, eu sugeria recorrer a e-mails, videochamadas ou mensagens para nos conectarmos numa base mais regular. Então, ela só olhava para mim como se eu viesse de Marte. Minha mãe tinha pavor dos nossos métodos de comunicação modernos. Mesmo quando minhas filhas ou meus sobrinhos e sobrinhas tentavam ajudá-la a enviar uma mensagem ou lhe mostravam como era fácil baixar aplicativos em seus celulares, eles se divertiam e riam muito, mas o objetivo comunicativo nunca era alcançado. Com a ajuda das crianças, ela podia até tentar, mas sem elas do lado, ela não conseguia. Mamãe tinha aprendido a usar o controle remoto da TV e o telefone preso à parede, mas suas habilidades tecnológicas nunca passaram disso.

Eventualmente, recorri a um dos métodos mais antigos de comunicação. Não, não a sinais de fumaça nem à arte agreste – mas a cartas.

Sim, voltei para os tempos antigos anteriores a telefones e internet e separei um tempo para escrever cartas para a minha mãe. Para uma mulher com uma preferência por mensagens de texto e Twitter, era como se meu mundo parasse sempre que eu pegava uma caneta para escrever. Mas se eu quisesse amar minha mãe no mundo em que ela estava, então eu teria escrever. E embora ela nunca tenha se incomodado com isso, devido à distância geográfica entre nós, quando minha mãe recebia minhas cartas, pelo menos uma semana tinha passado. Toda a nossa família tinha vivido pelo menos sete dias de aventuras novas, e minha mãe só estava sendo informada sobre uma apresentação de Catherine ou que Sophia tinha aprendido a andar de bicicleta sete dias atrás.

Você consegue se lembrar das manchetes nos noticiários de sete dias atrás? E, às vezes, as cartas se perdiam, e ela nem as recebia. Ela sabia que eu tinha escrito. Então, eu ligava para ela e dizia:

> **Imagine a diferença que poderíamos fazer na vida das pessoas se realmente percebêssemos que somos uma carta de amor de Deus para elas.**

"Mamãe, você recebeu a carta que lhe mandei?"

Na maioria das vezes, ela dizia que sim. Mas, em algumas ocasiões, surpreendentemente, ela diria: "Não, Christine, eu não a recebi".

Então, é claro, eu me apressava a dizer: "Bem, mamãe, sinto muito. Os correios devem ter perdido a carta".

Era tão decepcionante descobrir que mamãe não tinha recebido a carta que eu havia enviado! Então, ao telefone, eu repetia tudo que eu havia escrito e que ela nunca chegaria a ler. Eu era obrigada a atualizá-la sobre todas as novidades mais recentes.

Quando foi a última vez que você escreveu uma carta e a mandou para alguém? Essa pessoa chegou a receber sua carta ou ela se perdeu nos correios? Era um cartão de aniversário, um cartão de agradecimento? É interessante pensar que, dentre as muitas coisas com que Deus nos compara em sua Palavra, uma delas é uma carta – e, na verdade, isso faz muito sentido. Cartas são enviadas, exatamente como nós. O apóstolo Paulo escreveu:

PARA DE AGIR E COMEÇA A OBSERVAR

> Vocês mesmos são a nossa carta, escrita em nosso coração, conhecida e lida por todos. Vocês demonstram que são uma carta de Cristo, resultado do nosso ministério, escrita não com tinta, mas com o Espírito do Deus vivo; não em tábuas de pedra, mas em tábuas de corações humanos (2Coríntios 3:2-3).

Cartas são enviadas de algum lugar no mundo para outro. Cartas transportam mensagens de uma pessoa para outra. Tornam-se conexões que apreciamos, lembranças que guardamos. Quando mamãe morreu alguns anos atrás e nós tiramos suas coisas da casa dela, fiquei comovida quando encontrei tantas das minhas cartas guardadas nas gavetas em seu quarto e em caixas em seu closet. Era como se ela as tivesse guardado perto dela para lê-las de novo e de novo. Essas palavras de amor e relacionamento.

E é exatamente isso que somos chamados a ser: a carta de amor de Deus ao mundo contida em carne humana, em pessoas normais como você e eu. Deus não enviou uma mensagem ou uma postagem em mídias sociais. Não. Ele enviou pessoas reais, falhas e imperfeitas, para que elas transmitissem sua mensagem. Para ir e fazer discípulos. Imagine a diferença que poderíamos fazer na vida das pessoas se realmente percebêssemos que somos uma carta de amor de Deus para elas. Isso impactaria todas as interações e todos os relacionamentos que temos.

Imagine se começássemos, bem aqui onde estamos, a espalhar...

- amor em meio à indiferença;
- alegria em meio à tristeza;
- paz em meio ao caos;
- paciência em meio ao frenesi;
- ternura em meio à crueldade;
- bondade em meio ao egoísmo;
- fidelidade em meio ao descuido;
- gentileza em meio à dureza;

- autocontrole em meio a um mundo que está perdendo o controle (Gálatas 5:22-23).

A própria ideia de sermos uma carta com uma mensagem que foi confiada a nós, uma carta enviada a um mundo danificado e moribundo, revela muito sobre Deus, pois enviar-nos é uma parte grande de quem Ele é e daquilo que Ele faz. Primeiro, Ele enviou Jesus ao mundo. Em seguida, Jesus nos enviou ao mundo (João 17:15-18), e então Jesus enviou o Espírito Santo para nos empoderar quando saímos para o mundo todo (João 14:15-31). Mas o que acontece quando Ele nos envia e nós nunca chegamos? Quando sua mensagem nunca é entregue?

Quando minhas cartas à minha mãe não chegavam, eu ligava para ela e lhe dizia que as cartas tinham se perdido em algum lugar. Eu nunca disse: "Mamãe, *você* se perdeu", porque não era ela que estava perdida. O mesmo acontece conosco. Se formos cartas vivas enviadas por Deus a um mundo danificado e nós nunca chegamos, então não somos nós aqueles que estão perdidos?

Entendeu a que ponto eu quero chegar? Esse é um conceito tão importante que não quero que você apenas bata o olho nisso e continue lendo. Talvez uma das razões pelas quais ficamos à deriva seja o fato de que perdemos nosso propósito e missão. Somos a carta de Deus que ficou presa na bolha cristã ou que se distraiu com as exigências deste mundo, preocupada com debates e argumentos cristãos, ou talvez simplesmente estejamos nos divertindo tanto que nem percebemos que estamos perdidos.

O MUNDO ESTÁ AGUARDANDO A NOSSA CHEGADA

Sei que, muitas vezes, nós nos referimos às pessoas que ainda não são seguidores de Cristo como "os perdidos". Mas não importa quão perdidas estejam, se nós não formos até elas, então os perdidos somos nós. Sim, elas estão perdidas espiritualmente, mas nós sabemos exatamente onde estão fisicamente. Estão no escritório ao lado do nosso. Moram do outro lado da rua. São nosso irmão, ou primo, ou tia. Talvez nosso cônjuge, ou filho, ou filha. Nenhum de nós precisa ir muito longe para encontrá-las. Na verdade, Jesus disse: "Abram os olhos e vejam os campos! Eles estão maduros para a colheita" (João 4:35).

Por mais de dois mil anos, em cada século e em cada geração, têm existido campos cheios de pessoas esperando que fôssemos até elas. O que aconteceria se começássemos a ver nossos lares, escolas, comunidades e comércios como campos? E fôssemos até eles?

Jesus disse: "A colheita é grande, mas os trabalhadores são poucos. Peçam, pois, ao Senhor da colheita que envie trabalhadores para a sua colheita" (Mateus 9:37-38).

Jesus não disse que havia uma falta de trabalho, só uma falta de trabalhadores. Você consegue enxergar isso no nosso mundo de hoje? Não existe falta de necessidades, pessoas, causas nem informação. Não existe falta de música e livros cristãos, de estudos bíblicos nem de igrejas. Existe apenas uma falta de trabalhadores dispostos a sair para os campos e fazer a colheita.

Eu sou uma garota urbana, mas aprendi muito de amigos que são fazendeiros, especialmente que colher frutas, vegetais ou grãos envolve um trabalho que precisa ser feito durante todo o ano, e não só quando chega a hora de colher os frutos maduros. É preciso consertar equipamentos, cercas e tratores, preparar o solo, plantar, regar – a colheita está na mente do fazendeiro 365 dias por ano. Ele prepara, aguarda, cultiva e então colhe, só para começar tudo de novo depois. É um trabalho sem fim, mas as recompensas mais do que o compensam por isso.

Da mesma forma, imagino que Deus quer que todos nós vivamos com esse tipo de atenção, procurando e encontrando os perdidos nos campos ao nosso redor. Ele quer que oremos por eles, que os encorajemos e os ajudemos de maneiras práticas.

Acredito que todos nós sintamos intuitivamente que é correto fazer o que Jesus fez quando andou na terra. Ele amava os pobres, os excluídos, os oprimidos, os desapropriados. Ele incluía aqueles que tinham sido marginalizados pela sociedade, aqueles que eram considerados inúteis. Para onde quer que fosse, Ele derrubava barreiras e construía uma ponte entre as pessoas e Deus. Ele fazia o bem. Faz muito sentido nos enviar ao mundo para fazer o mesmo. Durante uma das muitas vezes em que Jesus estava instruindo seus discípulos, Ele disse: "Vocês são o sal da terra [...]. Vocês são a luz do mundo [...]. Assim brilhe a luz de vocês diante dos homens, para que vejam as suas boas obras e glorifiquem ao Pai de vocês, que está nos céus" (Mateus 5:13-14, 16).

Sal e luz são agentes de mudança. São catalizadores, o que significa que, devido à sua constituição, eles não têm como não mudar aquilo que tocam. Sal melhora a comida. Ele a tempera, a preserva. A luz afasta a escuridão. Ela ilumina o ambiente, muda-o para que possamos ver tudo que não conseguíamos ver antes. Somos catalizadores como sal e luz, chamados para trazer mudança para o mundo à nossa volta. Em nossa comunidade. Em nosso local de trabalho. Na nossa vizinhança. Na nossa família. Exatamente onde vivemos. Na vida das pessoas que encontramos o tempo todo.

Quando vamos para os campos para fazer a colheita, quando agimos como sal e luz no mundo, não temos como não passar para a ação. Não temos como não fazer o bem. "Pois vocês são salvos pela graça, por meio da fé, e isto não vem de vocês, é dom de Deus; não por obras, para que ninguém se glorie. Porque somos criação de Deus realizada em Cristo Jesus para fazermos boas obras, as quais Deus preparou antes para nós as praticarmos" (Efésios 2:8-10).

Deus criou todos nós para que fizéssemos boas obras. Obras que Ele preparou para nós muito antes de nascermos. Obras feitas sob medida para nós e diretamente vinculadas ao nosso propósito. Algo que devemos estar cumprindo até nosso último suspiro. Quando praticamos essas boas obras e o mundo as vê, é Deus que é glorificado. Não é isso o que mais desejamos? Que Deus seja glorificado? Lembre-se, foi Jesus quem disse que o mundo veria *nossas boas obras e glorificaria o nosso Pai*, que está no céu.

Mas se não estivermos fazendo o que fomos criados para fazer, então podemos ficar à deriva facilmente, perguntando-nos: *como eu cheguei até aqui?*

O que Ele está chamando você a fazer? Quem é que você deve estar alcançando com todos os seus dons, talentos, habilidades e conhecimento?

É o adulto que nunca teve a chance de aprender a ler?

É a mulher que saiu da prisão recentemente?

É a criança que precisa de pais adotivos?

São as crianças em sua comunidade que vão dormir com fome todas as noites?

É a viúva que não tem o dinheiro para um telhado novo para sua casa?

É a garota que engravidou e não sabe para onde correr em busca de ajuda?

É a mulher que mora ao lado? Como você pode ajudá-la? Não é por acaso que, entre todas as pessoas possíveis, é justamente você que vive na casa ao lado.

Deus me escolheu e escolheu você para torná-lo conhecido neste mundo. Não foi isso que Ele nos disse em Mateus 28 — "Portanto, vão e façam discípulos de todas as nações [...]" (v. 19)? Não existe plano B. Nós somos o plano de Deus. Ele está plenamente ciente das nossas falhas, dos nossos medos, das nossas dúvidas e inseguranças. Ele entende que podemos nos sentir totalmente inadequados. Afinal de contas, como nossa mente pode não ser inundada por uma miríade de perguntas em reação a esse grande chamado? Como podemos não começar a suar frio quando refletimos sobre o que significa sair para o mundo todo? Mas nada disso pega Deus de surpresa, e nenhuma das nossas limitações o assombra. Ele conhece todas as pessoas que Ele quer que alcancemos. Ele as vê e se importa com elas com a mesma clareza e profundidade com que nos vê e se importa conosco. E assim Ele nos envia, com falhas e tudo.

SAIA DA BOLHA – E VÁ

Deus quer que abracemos nossa identidade nele – como discípulos que Ele enviou ao mundo, como coobreiros enviados para a colheita, como sal e luz, como pessoas que saem da bolha e fazem o trabalho do seu reino. Minha oração é que cada um de nós jamais subestime a nossa identidade e

COMO EU CHEGUEI ATÉ AQUI?

o nosso poder de causar mudança na vida de outra pessoa. Eu fiz isso uma vez – e nunca me esqueci. Desde então, tenho feito de tudo para nunca mais cometer esse mesmo erro.

Na época, eu estava na faculdade e fiz amizade com alguém que parecia ter tudo em seu favor. O nome dela era Deborah. Ela tinha notas boas, todos os tipos de oportunidades e nunca teve de se preocupar com dinheiro. Ela era linda, confiante e parecia ter toda a sua vida sob controle. Nós nos encontrávamos com regularidade para comer juntas, estudar para as provas ou simplesmente conversar, e nisso nos tornamos boas amigas. Portanto, fiquei preocupada quando ela parou de atender às minhas ligações e eu não a vi no campus por vários dias. Eu não sabia o que fazer, mas minha preocupação foi crescendo até que, três dias depois, ela de repente reapareceu.

Aparentemente, ela estivera numa festa que durara todo esse tempo, onde todos estavam usando drogas para ficar acordados e continuar com a festa. Nunca me esquecerei de como ela a descreveu para mim: "Havia tanto amor. Havia tanta alegria. Havia tanta paz que fiquei encantada". Então, ela tirou uma flor de sua bolsa. "Eu amei aquilo tanto, Chris, que não queria que você perdesse aquilo, então guardei metade de um comprimido para você."

Tentei ficar calma e, educadamente, disse: "Não, obrigada", mas fiquei completamente perdida. As palavras dela me incomodaram num nível profundo e eu não conseguia parar de pensar: *Essa garota me ama tanto que ela não queria que eu perdesse o amor, a alegria, e a paz de uma droga. E dentro de mim, Christine, vive a fonte verdadeira de amor, alegria e paz, mas eu estou envergonhada demais para falar sobre Jesus porque acho que ela não precisa dele, quando, na verdade, o que ela mais precisa é de Jesus.*

Depois, procurei um quarto vazio e chorei. Fiz uma promessa a Deus de que nunca permitiria que a paixão de qualquer pessoa por qualquer coisa – drogas, dinheiro, sucesso ou até mesmo uma causa – fosse maior do que o meu amor por Jesus e minha disposição de ir para o mundo todo e contar para as pessoas quem Ele é e o que Ele quer lhes dar: vida eterna.[57]

Por que identificamos com tanta facilidade como perdidas as pessoas com vidas danificadas, mas não reconhecemos que aquelas que parecem ter tudo em ordem também estão perdidas? Deus quer que entendamos que a aparência de pessoas perdidas é igual à aparência de qualquer outra pessoa.

Desde aquele dia, eu nunca me esqueci de que existe um vácuo na forma de Deus em cada coração humano que só pode ser preenchido com o amor, a alegria e a paz de Cristo. Mas, para isso, Ele precisa que nós, seus trabalhadores, estejamos dispostos a ir e fazer discípulos. A romper a nossa bolha cristã. Jesus não quer que sejamos levados pelas correntes do mundo nem que fiquemos à deriva dentro dessa bolha. Em vez disso, Ele quer que saiamos para o mundo para onde nos enviou, ancorados nele, para ajudar outras pessoas a se ancorarem nele também. Isso era tão importante para Jesus que, depois de sua ressurreição, Ele nos deu nosso "trabalho" antes de se assentar à direita do Pai. Na verdade, essas foram algumas de suas últimas palavras nesta terra.

As últimas palavras são algumas das mais importantes que alguém pode nos dizer, não são? Sempre valorizarei e guardarei as últimas palavras que minha mãe dirigiu a mim. Meu irmão a ajudou a falar comigo pela internet, e eu me lembro de olhar para o doce sorriso dela e ouvi-la dizer: "Eu amo você".

Jesus esteve longe do céu por 33 anos e, a caminho de casa, Ele parou para nos dar estas últimas palavras: "Vão e façam discípulos". Acredito que esteja na hora de fazermos da última ordem de Jesus a nossa maior prioridade.

Se quisermos cumprir o nosso propósito, então devemos ir para onde podemos fazer discípulos – e isso nunca será onde eu estou. Eu não precisava ir para aquela festa com a minha amiga nem aceitar o comprimido que ela me ofereceu, mas o que eu percebi tantos anos atrás é que eu devia ser sal e luz no mundo dela. E se quisermos ser o sal e a luz que

---

57 Caine, p. 60.

fomos chamados a ser, então temos de sair do saleiro. Devemos sair da nossa zona de conforto e intencionalmente ir à procura das pessoas no mundo. Devemos romper nossas bolhas – e ir.

9

VOCÊ SABE QUE PERDEU O RUMO QUANDO

PARA DE PERSEVERAR
E COMEÇA A RELAXAR

Nossa maior fraqueza consiste em desistir. O método mais seguro para ter sucesso é sempre tentar mais uma vez.

— THOMAS EDISON

Existem poucas coisas que curto mais do que correr na praia quando o sol está se pondo. As pinceladas de Deus na vasta tela do céu infinito são sempre deslumbrantes. A gama de cores, os raios de luz, as nuvens de passagem. O modo como o céu reflete nas ondas do oceano. É como se tudo tivesse sido projetado para me ajudar a esquecer que, na verdade, estou ofegante, suada, expulsando toxinas e me esgotando completamente.

O céu de hoje era especialmente espetacular. Estava banhado em tons de azul e roxo, amarelo e branco brilhante. As cores dançando na água. E a areia parecia mais vibrante do que nunca. Eu estava em casa, na Califórnia, após uma semana de viagens; e eu me sentia tão bem correndo na praia, absorvendo o máximo possível dessa arte criada por Deus. Eu comecei pensando que a corrida me ajudaria a combater o *jet lag*, mas, para ser honesta, eu estaria aqui fora correndo mesmo que não houvesse *jet lag* algum.

Eu não teria conseguido deixar de correr. Eu adoro correr. Adoro as endorfinas. Adoro como minha mente clareia e todo estresse desaparece. Adoro correr porque posso fazer isso para onde quer que meus pés e meu chamado me levem — na Grécia, na costa do mar Mediterrâneo, na Cidade do Cabo em plena vista do Atlântico ou nas praias da Austrália, onde cresci.

Por mais de três décadas, tenho colocado os tênis e saído correndo pela porta. Para desintoxicar. Para purificar. Para absorver. Para explorar. Para manter os pés no chão, em todos os sentidos. Fisicamente. Mentalmente. Emocionalmente. Espiritualmente. É algo que minha alma e meu corpo parecem precisar — embora nem sempre tenha sido assim. Em retrospectiva, acredito que meu amor pela corrida deve ter começado no ano em que completei 17 anos de idade. Como a maioria da Austrália e grande parte do mundo na época, assisti na TV como, em 1983, Cliff Young completou a Westfield Sydney to Melbourne Ultramarathon, uma corrida de 875 quilômetros. Para mim, era inconcebível alguém percorrer uma distância como essa, principalmente alguém como Cliff.

Nunca me esquecerei de como, apenas cinco dias antes da largada para a ultramaratona, Cliff apareceu do nada. No início, ninguém nem percebeu sua presença entre os entusiastas de corrida. Como centenas de outros, ele parecia ser apenas mais um no meio da multidão de espectadores. Mas quando ele se inscreveu como atleta e então, na manhã da corrida, apareceu num macacão e galochas por cima de suas botas de trabalho, foi difícil ignorá-lo. Ele definitivamente se destacava no meio dos corredores de elite, entre eles alguns do atletas mais bem-preparados e competitivos do mundo. Especialmente, porque todos eles estavam com todo aquele equipamento profissional fornecido pelas maiores marcas esportivas do mundo.

Ninguém levou Cliff a sério – nem a mídia, nem os oficiais da corrida, muito menos os outros corredores. E como poderiam? Cliff era um fazendeiro de 61 anos de idade, que tinha passado sua vida criando suas duas mil ovelhas numa fazenda de 800 hectares, sempre a pé em suas botas de borracha. Durante a maior parte de sua vida, sua família nunca teve dinheiro para cavalos nem carros. Quando perguntaram se ele conseguiria terminar a corrida, ele simplesmente disse: "Sim, eu consigo".

Por causa disso, uma nação inteira, incluindo eu, ligou a TV para ver se ele realmente conseguiria. Conferir seu progresso mais recente no noticiário noturno se tornou puro entretenimento. No início, as pessoas não sabiam se deveriam rir dele ou aplaudi-lo, mas não importava, ninguém conseguia deixar de assistir. Juntamente com milhões de outros, fiquei grudada na TV todas as noites, totalmente cativada.

No primeiro dia, quando foi dado o tiro de largada e os corredores partiram, Cliff largou com pequenos passos... literalmente. A mídia zombou dele porque ele tinha um estilo todo seu, mal levantando os pés do chão. E o melhor de tudo, ele estava correndo sem seus dentes falsos. Ele disse que a dentadura chacoalhava quando corria. Os oficiais do evento tinham certeza de que ele desmaiaria, por isso acompanharam seu progresso de perto, sempre preparados para resgatá-lo no caso de uma emergência médica.

Nos primeiros dias, tornou-se evidente que ele nem conhecia as regras da corrida. Os corredores tinham se preparado para correr por 18 horas e dormir por seis. Mas visto que Cliff tinha ficado tão para trás no início graças ao seu estilo peculiar e porque ele não sabia que deveria parar para dormir depois de 18 horas, ele continuou correndo... e só dormiu algumas poucas horas nos dois primeiros dias! Enquanto os outros corriam e descansavam de acordo com sua agenda, Cliff continuou correndo e, eventualmente, ganhou a dianteira. No quinto dia, parecia que o mundo inteiro tinha se unido à Austrália para torcer pelo fazendeiro. Parecia que todos tinham começado a levá-lo mais a sério. Ele continuava sem dentes, mas continuava na corrida – e ele não dava sinais de que desistiria.

Cliff tinha recebido um par de tênis, um tipo de sapatos com os quais ele nunca tinha corrido antes. Agora estava de shorts e uma jaqueta com zíper. Cada movimento seu era filmado – quando parava para descansar e quando comia enquanto corria. Quando um repórter perguntou como ele se motivava para correr por mais de cinco dias sem dormir, ele disse que simplesmente se imaginava correndo atrás das ovelhas durante dias como tinha feito na infância na fazenda quando precisava fugir de uma tempestade.

No fim do último dia, quando o noticiário passou para a ultramaratona, Cliff ainda estava na liderança. Incrível. Quando os repórteres o acompanharam correndo do seu lado e colocaram um microfone na frente dele, ele parecia tão surpreso com seu progresso quanto eles. Sem dúvida – o que todos tinham considerado impossível parecia estar prestes a acontecer – e aconteceu.

Cliff Young terminou a corrida após correr cinco dias, 15 horas e quatro minutos – o equivalente a quatro maratonas por dia – superando o recorde anterior em mais de dois dias.

Quando lhe entregaram o prêmio de dez mil dólares, ele diz que nem sabia que havia um prêmio. E convencido de que todos os outros corredores tinham trabalhado tanto quanto ele, ele deu a cada um dos outros cinco finalistas dois mil dólares e foi para casa sem um único centavo.

Cliff se tornou um tipo de herói nacional, e sua participação inconvencional mudou a maneira como os corredores participavam. A partir de 1983, os corredores passaram a dormir não seis horas por noite, mas somente três e, hoje em dia, a maioria dos corredores modernos nem dorme. Além disso, muitos deles adotaram seu estilo de mal levantar os pés do chão. Ficou claro que correr daquele jeito era mais aerodinâmico e energeticamente eficaz. O estilo de Cliff foi batizado de "Young Shuffle".[58]

---

58 "The Legend of Cliff Young: The 61 Year Old Farmer Who Won the World's Toughest Race", Elite Feet. Disponível em: https://elitefeet.com/the-legend-of-cliff-young/; Daven Hiskey, "A 61 Year Old Potato Farmer Once Won One of the World's Most Grueling Athletic Competitions", Today I Found Out, 27 de outubro de 2011. Disponível em: https://www.todayifoundout.com/index.php/2011/10/a-61-year-old-potato-farmer-once-won-one-of-the-worlds-most-grueling-athletic-competitions/.

Depois da corrida, nas inúmeras entrevistas que deu, Cliff deu a resposta à pergunta que todos estavam fazendo: "Como você conseguiu?".

Nunca me esqueci do que ele disse: "Eu simplesmente nunca parei. Continuei continuando".

ESTAMOS NUMA CORRIDA

Ainda hoje, inspira-me o fato de que Cliff Young não venceu a ultramaratona por causa do tempo que passou com os maiores treinadores do mundo. Ele não ganhou porque tinha o equipamento mais moderno. Ele não venceu porque comia poucos carboidratos, porque era vegano, vegetariano ou porque fazia jejum intermitente. Ele venceu porque simplesmente continuou continuando. Ele insistiu. E ele foi capaz de fazer isso porque tinha insistido muitas vezes no passado. Ele tinha desenvolvido perseverança correndo atrás de ovelhas a vida inteira. Na chuva. Na lama. No frio. No calor escaldante. Quando tinha vontade e quando não tinha. Quando correu a corrida, ele fez o que tinha feito desde sempre, até cruzar a linha de chegada e vencer.

Entendo que a maioria de nós jamais percorrerá uma distância igual à de Cliff, metendo o pé no asfalto por centenas de quilômetros, mas, em termos espirituais, todos nós estamos numa corrida que é ainda mais importante. Estamos numa ultramaratona espiritual que se estende por toda uma vida – e a maneira em que absolvemos essa corrida fará toda a diferença

> Estamos numa ultramaratona espiritual que se estende por toda uma vida – e a maneira em que absolvemos essa corrida fará toda a diferença em como cruzamos a linha de chegada ou até mesmo se conseguimos alcançá-la.

em como cruzamos a linha de chegada ou até mesmo se conseguimos alcançá-la.

Sei disso porque, versículo após versículo, a Bíblia compara nossa jornada na terra com uma corrida e nos diz o que é necessário para completarmos nossa corrida individual. Quando Paulo escreveu aos coríntios, ele lhes deu instruções para essa corrida: "Vocês não sabem que, de todos os que correm no estádio, apenas um ganha o prêmio? Corram de tal modo que alcancem o prêmio" (1Coríntios 9:24).

Falando sobre como ele mesmo estava absolvendo sua própria corrida, ele disse: "Não corro como quem corre sem alvo" (1Coríntios 9:26).

Em outra ocasião, ele disse: "Todavia, não me importo, nem considero a minha vida de valor algum para mim mesmo, se tão somente puder terminar a corrida e completar o ministério que o Senhor Jesus me confiou, de testemunhar do evangelho da graça de Deus" (Atos 20:24).

No fim de sua vida, após completar sua corrida, ele escreveu ao seu aprendiz Timóteo e disse: "Terminei a corrida, guardei a fé" (2Timóteo 4:7).

Encorajando os primeiros cristãos, o autor de Hebreus disse: "Corramos com perseverança a corrida que nos é proposta" (Hebreus 12:1).

Todos esses versículos nos mostram que a nossa vida é uma corrida espiritual, mas igualmente importante é entendermos *como* devemos correr para cumprirmos os propósitos e planos que Deus tem para nós – para que possamos ganhar o prêmio. Falando por mim mesma, eu não quero perder nenhuma das coisas que Deus planejou para mim. Quando quis tocar o sino, imagine se eu tivesse feito aquilo. *O que* eu teria perdido? *Quem* eu teria perdido? Às vezes, no momento da nossa angústia, nem sempre enxergamos o que está do outro lado da nossa decisão. Existem pessoas que Deus nos atribuiu, pessoas que estão esperando para conhecer a misericórdia, a graça, o amor, a bondade, a justiça e a generosidade de Jesus. Como é importante permanecer na corrida, confiando em Deus que floresceremos se o fizermos, impactando ainda mais pessoas com o evangelho.

Tenho certeza de que devemos viver nossa vida com a mesma intencionalidade que o apóstolo Paulo para que não percamos uma única corrida que Deus tem para nós. Paulo correu com propósito. Ele estava tão focado e determinado que chegou a dizer:

> Não que eu já tenha obtido tudo isso ou tenha sido aperfeiçoado, mas *prossigo* para alcançá-lo, pois para isso também fui alcançado por Cristo Jesus. Irmãos, não penso que eu mesmo já o tenha alcançado, mas uma coisa faço: esquecendo-me das coisas que ficaram para trás e avançando para as que estão adiante, *prossigo* para o alvo, a fim de ganhar o prêmio do chamado celestial de Deus em Cristo Jesus. (Filipenses 3:12-14; grifos meus)

Se quisermos completar nossa corrida de modo que obtenhamos o prêmio, devemos perseverar em tudo que está resistindo contra nós. Devemos prosseguir de onde estamos até onde Deus quer que estejamos. Devemos persistir contra nossa carne, nossos sentimentos e nossa dor. Devemos persistir contra nossas ambições, nossos desejos e nossas expectativas. Devemos até persistir contra os nossos sucessos – afinal de contas, são os triunfos que, muitas vezes, nos fazem cair em apatia ou complacência, orgulho ou arrogância.

Quando Paulo disse que devemos prosseguir, ele já tinha passado por muito mais do que consigo imaginar. Sua corrida não foi fácil. Quando escreveu aos filipenses, ele já tinha sido açoitado cinco vezes com 39 chicotadas, espancado com varas três vezes, apedrejado e sofrido naufrágio três vezes, além de ter passado 24 horas em mar aberto. (Tenho certeza de que, com essa, ele teria passado pelo treinamento dos Navy SEALs!) Ele tinha enfrentado ameaças de bandidos, judeus e gentios. Ele sabia o que significava não poder dormir, passar fome e sede. Suportou frio e nudez (2Coríntios 11:23-27). Ainda assim, escreveu o hino mais positivo e repleto de fé: "Prossigo".

Eu nunca tive de passar pessoalmente por nenhuma dessas coisas enquanto corria minha corrida, nem quero ter de passar por nada disso. Tenho certeza de que você também não quer, mas todos nós temos uma corrida a percorrer, portanto, sempre teremos coisas a enfrentar para prosseguir. A corrida de cada pessoa é única e distinta, cheia de altos e baixos, prazer e dor, alegria e sofrimento, provações e tribulações, bênçãos e mistérios. Mas como Cliff Young nos mostrou, existe um único jeito de completar a corrida: nunca parar, sempre continuar seguindo em frente.

Cliff fez tudo parecer muito fácil, especialmente do meu ponto de vista, sentada no sofá assistindo à TV. Seu estilo fez tudo parecer fácil e natural, mas raramente é assim para nós. Às vezes, acho que romantizamos essa corrida espiritual e acreditamos que não haverá rochas na estrada, nem buracos, obstáculos ou desvios, mas muitas vezes, eles existem.

Às vezes, essa corrida pode parecer assustadora e insuperável, eu sei disso. Eu queria poder lhe dizer que será fácil ou que ficará mais fácil com o tempo, mas não posso fazer isso. Que será empolgante ou uma aventura? Sim. Mas fácil? Não. Eu queria poder recomendar algum suplemento poderoso feito da raiz da planta corredora, mas ainda não a encontrei.

Eu queria que existisse outra maneira – qualquer outra – de vencer a nossa corrida senão perseverando, pois todos nós preferiríamos ser carregados.

Eu disse que adoro correr e, no início deste capítulo, apresentei uma linda pintura de como é revigorante fazer isso, mas, para ser ainda mais honesta, quando termino uma corrida realmente boa, estou prestes a desmaiar. Se alguém se oferecesse a me carregar de volta para a minha casa ou para o hotel, eu não hesitaria em aceitar. Mas Paulo disse como é para todos nós. Ele o disse não só uma, mas duas vezes, para que realmente entendêssemos.

"*Prossigo* para alcançá-lo, pois para isso também fui alcançado por Cristo Jesus."

"*Prossigo* para o alvo, a fim de ganhar o prêmio do chamado celestial de Deus em Cristo Jesus."

Como nunca gosto de deixar passar uma oportunidade de inserir uma palavra grega, o significado raiz de *prosseguir* nesse texto é *dioko*, que significa "buscar, perseguir, caçar".[59] Portanto, quando Paulo prosseguia, ele buscava, perseguia e caçava aquele que tinha capturado seu coração. Ele prosseguia para ganhar o prêmio, que é Jesus.

Da mesma forma, se quisermos completar nossa corrida para ganhar o prêmio, se quisermos atravessar a linha de chegada, teremos de buscar mais de Jesus com todo o nosso coração. Nenhum de nós consegue completar a corrida por força própria. Precisamos mais de Cristo para continuarmos correndo atrás dele. Mas entenda isto: Jesus nunca quis que percorrêssemos essa corrida sozinhos, e Ele prometeu que sempre estaria conosco – até o fim dos tempos (Mateus 28:20). Assim, quando estamos correndo atrás dele, na verdade, Ele está conosco a cada passo do caminho. É o melhor cenário possível.

Já que Jesus é a âncora da nossa alma, prosseguir em sua direção é mais um jeito de permanecer conectado com Ele e com o propósito que Ele tem para a nossa vida. É mais um jeito de impedir que fiquemos à deriva porque, como eu já mencionei no primeiro capítulo, tudo o que precisamos fazer para começar a ficar à deriva é nada. Assim como as correntes do oceano podem nos levar para lugares para onde jamais pretendíamos ir, se não persistirmos em obter mais de Jesus, as correntes do nosso tempo nos levarão para onde elas estão indo. Inadvertidamente, começaremos a nos movimentar com a marcha em ponto morto, o que, por definição, significa "movimentar-se sem uso de força".[60]

Jesus nunca quis que vivêssemos nesta terra sem força. Ele sabia que precisaríamos de ajuda, e Ele a forneceu. Quando Jesus deixou esta terra, Ele nos deu o Espírito Santo – o mesmo Espírito que o ressuscitou dentre os mortos – para que Ele vivesse dentro de nós e nos ajudasse a completar nossa corrida (João 16:7; Romanos 8:11; 1Coríntios 3:16). Ele nos deu o Espírito Santo para nos dar força. Para vencer o inimigo. Para resistir à

---

59 W. E. Vine, Vine's Expository Dictionary of Old and New Testament Words (Grand Rapids: Revell, 1981), veja verbete "dioko".

60 *Merriam-Webster*, veja verbete "coast (v.)". Disponível em: https://www.merriam-webster.com/dictionary/coast.

tentação. Para derrotar o medo e fazer as coisas para as quais Deus nos chamou (Lucas 9:12; Atos 1:8; 2Timóteo 1:7).

A sua força da ressurreição vive literalmente dentro de nós! Pense em como precisamos da força do Espírito, de seu poder, para vencer e prosseguir em cada área da nossa vida. A cada dia. Por que qualquer um de nós desejaria deixar se levar no ponto morto sem usar toda a força que Deus disponibilizou para nós?

Já que estamos no último capítulo deste livro e, a essa altura, você já sabe que não quero que ninguém se afaste de Jesus nem de seu propósito, quero que você pare por um momento e se pergunte se, talvez, você parou de persistir em alguma área da sua vida. Você está simplesmente deixando se levar, agindo sem se envolver, mas já sem paixão em sua busca de Jesus e de tudo o que Ele tem para a sua vida? Você consegue identificar uma área da sua vida em que você parou de assumir riscos e de dar um passo de fé? Uma área em que, talvez, em vez de persistir, você recuou? Uma área em que a dor, o custo, a perda ou a decepção pesam muito mais do que o prazer da busca? É tão fácil ligar o piloto automático e permitir que a corrente da sociedade, nossos sentimentos e nossos desejos nos levem para onde estiverem indo, especialmente quando estamos sofrendo. Todos nós passamos por coisas que podem nos levar a fazer isso, a ficar à deriva.

Ao longo das páginas deste livro, tenho me esforçado mostrar como é fácil isso acontecer. Ao mesmo tempo, eu seria negligente se não mencionasse que também podemos deixar de persistir quando não estamos sofrendo e as coisas estão indo bem. É normal. Sem algo que nos pressione por dentro, é fácil colocar a marcha em ponto morto e permitir que as correntes nos levem para onde quer que estejam indo. Quando tudo está indo bem, é fácil não fazer nada, mas o nosso nada sempre é algo, não é? O que fazemos quando não há dor no nosso coração nem pressão que nos esmague? Quando não há emergência, nem crise, nem desafio? Quando temos dinheiro na conta, comida na mesa e férias à vista? Quando subimos na hierarquia corporativa e nossa carreira está em alta? Quando fundamos o negócio que sempre sonhamos? Quando nosso casamento é feliz e nossos filhos estão bem? Ou quando estamos aproveitando a vida de solteiro, viajando para todos os lugares que sempre sonhamos? Quando estamos fazendo os cursos dos nossos sonhos na faculdade dos nossos sonhos? Fato é que podemos começar a perder o rumo com a mesma facilidade quando tudo está ótimo, quando estamos num momento que é exatamente igual àquele que sempre pedimos em oração e pelo qual, talvez, trabalhamos tanto para desfrutar.

Talvez esteja na hora de verificar nossos marcadores — você sabe, como meu pai ensinou a mim e meu irmão na praia de Umina —, de levantar os olhos e ver onde estamos e até onde já fomos levados pela corrente.

Se você suspeita que recuou – não importa a razão nem as circunstâncias –, você deve saber que, a despeito do quanto tenha se afastado, nunca é longe demais para Deus. Ele vê. Ele sabe. Ele se importa. Você ainda está dentro do seu alcance, e Ele quer ajudá-lo a baixar e fixar a âncora. Este livro está em suas mãos neste momento e no lugar em que você está por alguma razão. Minha oração por você é que Deus use estas palavras para abrir seu coração ferido, fragmentado ou endurecido para o prazer de buscar seu Filho mais uma vez.

ESTÁ NA HORA DE PERSISTIR

Não há dúvida de que, naquele momento em que contemplava seriamente a possibilidade de tocar o sino, o que eu estava dizendo era que eu estava cansada de persistir. Por um momento, eu me perguntei se persistir valia a pena. Eu estivera persistindo havia décadas e estivera sentindo uma pressão intensa por vários anos. Eu acreditava que não aguentava mais. Como mencionei no início deste livro, eu não estava tendo uma crise de fé: eu não queria me afastar de Jesus nem do nosso ministério. Eu não retrocederia muito. Eu só queria parar de persistir, de insistir e, portanto, simplesmente, alcançar a linha de chegada no ponto morto. Sem riscos. Sem pioneirismo. Sem acreditar que Deus faria o impossível. Sem vida sacrificial. Eu imaginava que supervisionar nosso trabalho sentada num pequeno café na Grécia, situado perfeitamente na ilha de Santorini, seria preferível à energia exigida para prosseguir.

> Só conseguimos ver o quanto vale a pena prosseguir quando levantamos os olhos e fixamos nosso olhar em Jesus – somente em Jesus.

Eu sabia que, se eu continuasse do jeito que sempre tinha continuado, com tudo, sem reter nada, isso significaria invariavelmente mais dor, mais sofrimento, mais exposição, mais vulnerabilidade, mais ataques. Eu não sabia se queria persistir e atravessar mais desânimo, mais decepção, mais desilusão, mais ofensa, mais mágoa, mais fracasso e desbravar mais território desconhecido que certamente estaria à frente. Eu queria me acomodar em coisas que eram seguras, encontrar satisfação em coisas previsíveis e praticáveis, começar a ficar de boa, sem persistir mais. E, além disso, eu adoro ver o pôr do sol em Santorini.

Fiquei chocada com minha reação. Nunca pensei que estaria num lugar em que contemplaria a possibilidade de não persistir. Mas, naquele momento, perdi Jesus de vista, principalmente porque meu coração estava ferido e eu me sentia vulnerável, confusa, exausta e fraca. Quando você perde de vista aquele para o qual e com o qual você está correndo, a dor de prosseguir parece não valer mais a pena. Você não concordaria que a única razão pela qual qualquer um de nós crucificaria sua carne, negaria a si mesmo, seria obediente, permaneceria fiel e continuaria persistindo é Jesus? Se não fosse por Ele, então nada disso valeria a pena. Nem um pouco. É um preço alto demais a se pagar por qualquer um ou qualquer coisa. Só conseguimos ver o quanto vale a pena prosseguir quando levantamos os olhos e fixamos nosso olhar em Jesus – somente em Jesus. Foi assim que eu encontrei a força e a coragem de não tocar o sino.

Ainda assim, quando decidi persistir, eu sabia que seria doloroso. Mas sabia também que uma persistência maior produziria uma fertilidade maior – e, lá no fundo, eu queria trazer uma glória maior para Deus produzindo mais frutos. Eu sabia que, já que eu ainda estava viva e respirando, Deus queria que eu produzisse mais frutos. Afinal de contas, Jesus nos disse que damos *muito* fruto para glorificar o Pai (João 15:8). E visto que as Escrituras não mencionam nenhuma data de validade para isso, enquanto estivermos vivos, sempre haverá algum fruto que podemos produzir. Quando persistimos em alguma coisa, podemos receber um período de alívio, mas a recompensa para passar pelo teste de persistência é mais persistência – e mais fruto.

Eu costumo imaginar isso da seguinte forma: uvas são prensadas para produzir vinho. Diamantes são formados sob pressão. E o melhor de tudo, o alimento básico da cultura grega – azeitonas – é prensado para produzir azeite.

Na minha infância, azeite era um ingrediente essencial na cozinha da minha mãe e, ainda hoje, gosto de um azeite forte e saboroso em saladas, tomates, queijos – em quase tudo. Amo o cheiro de azeitonas frescas. Uma das melhores épocas para visitar a região sul da Europa é quando as oliveiras exalam seu cheiro mais forte – pouco antes da colheita das azeitonas. O ar ao redor das árvores é pungente, é um dos meus aromas favoritos. Suponho que até o meu olfato sabe que eu sou grega.

No entanto, para obter um saboroso e robusto azeite extravirgem, as azeitonas precisam ser prensadas. Precisam ser esmagadas. Precisam suportar a transformação de um estado para outro. Sem entrar em detalhes, mas para você ter uma ideia do que estou falando, inicialmente, após serem colhidas das árvores, elas são rapidamente lavadas e prensadas. A pasta, com caroços e tudo, é produzida ou por meio de um método antigo de uma pedra de moinho que pesa centenas de quilos ou com equipamentos industriais modernos. Essa pasta é, então, colocada entre camadas de tecido fibroso, onde é exposta a uma pressão tão intensa que cada gota de azeite é extraída.

Depois de tudo isso, o azeite passa por outro tipo de pressão. O azeite é aquecido – só o bastante – para que as impurezas se acumulem no fundo e o azeite extravirgem forme a camada superior. É sedoso, sua cor é linda, e o azeite está pronto para ser armazenado e repousar.

COMO EU CHEGUEI ATÉ AQUI?

Semelhante à degustação de um vinho fino, o azeite é degustado para garantir sua qualidade.[61] Mais tarde, quando repousou por tempo suficiente, é envasado em garrafas de vidro verde ou escuro – a cor perfeita para bloquear raios ultravioletas que podem estragá-lo.

O melhor azeite é produzido quando as azeitonas são colhidas no momento perfeito, transformados rapidamente em pasta, prensadas novamente nos intervalos perfeitos, aquecidas à temperatura perfeita, refrigeradas pelo tempo perfeito e, então, envasadas no momento perfeito. Não há dúvida de que produzir uma garrafa de azeite perfeito exige a pressão perfeita em todos os momentos perfeitos.

Semelhantemente, para que consigamos completar a nossa corrida de modo que possamos obter o prêmio, devemos ser prensados com a pressão correta nos momentos certos – e então o que realmente determinará o quanto do prêmio obteremos é como reagimos a essa pressão. Se quisermos crescer, se quisermos nos tornar mais semelhantes a Cristo, se quisermos que Ele preencha uma parte maior de nós, se quisermos cumprir todos os planos e propósitos de Deus para a nossa vida, então decidiremos suportar a pressão e persistir...

- para além do nosso passado;
- para além das nossas tendências carnais;
- para além dos nossos medos;
- para além dos nossos erros;
- para além dos nossos fracassos;
- para além das nossas decepções;
- para além das nossas mágoas;
- para além das nossas inseguranças;
- para além da nossa dor;
- para além dos nossos sucessos;

---

61 Kenton e Jane, "Greek Olive Oil: An Overview of the Olive Oils from Greece", *Lemon & Olives* (blog). Disponível em: https://www.lemonandolives.com/greek-olive-oil-an-overview -of-the-olive-oils-from-greece/.

- para além das nossas zonas de conforto;
- para além da nossa complacência;
- para além da nossa familiaridade;
- para além daquilo que está nos segurando.

Para além de tudo o que está exercendo pressão contra nós. Olhando para Jesus. Tentando obter mais de Jesus. Correndo atrás dele. É tão fácil pensarmos: *Se eu persistir desta vez, se eu insistir nesta coisa, então terei alcançado meu alvo*, mas enquanto ainda estivermos respirando, sempre haverá motivos para persistir.

Em retrospectiva, em cada estação e fase da minha vida cristã e do meu ministério, Deus sempre exigiu que eu persistisse em situações em que eu teria preferido ser liberta delas. Mas foi o processo de prensar e persistir que produziu a unção necessária e a formação de caráter exigida para que eu fizesse a próxima coisa que Deus queria que eu fizesse. Durante todo processo de prensagem, Deus me preparou continuamente para as coisas que Ele tinha preparado para mim. Ele sempre tem sido fiel preparando-me para a próxima etapa da minha corrida.

PRECISAMOS DE PERSEVERANÇA

Adoro chegar a uma cidade nova, colocar meus tênis e correr pelas ruas, embora, muitas vezes, isso resulte em aventuras inesperadas. Você diria que eu deveria ter aprendido, mas em mais de uma ocasião, eu me perdi e corri para tão longe que não consegui voltar. Foi nesses momentos que me esgotei a ponto de acreditar que eu não conseguiria dar outro passo e de me ver como uma maratonista que chegou ao limite sem forças para percorrer os quilômetros restantes. Às vezes, eu me imaginei rasgando a fita na linha de chegada. É uma grande ilusão, eu sei, pois não sou uma corredora *tão* séria. Ainda assim, sei como é achar que iria sofrer um colapso. Que não conseguiria continuar. No entanto, encontrei forças todas as vezes. Nunca fiquei tão perdida a ponto de não conseguir voltar.

Descobri que o mesmo vale para a minha corrida espiritual. Tantas vezes eu cheguei ao limite e pensei: *Acabou. Não aguento mais. Não consigo dar outro passo.* No entanto, de algum jeito, eu consegui, embora nunca tenha sido por força própria. Sempre foi pela força dele, mas pela força dele que foi desenvolvida dentro de mim.

> **Eu não desenvolvi força espiritual fazendo as coisas que eram fáceis para mim, mas superando as coisas que eu acreditava não poder fazer.**

Em outras palavras, todos esses anos de insistência produziram uma força em minha vida que não pode ser produzida de outra forma. Produziu *perseverança*, algo que, segundo o autor de Hebreus, nós precisaríamos para completar nossa corrida (Hebreus 10:36). Algo que nos dá força para continuar, mesmo quando achamos que não conseguimos mais. Em retrospectiva, acredito que isso foi uma parte essencial de eu não ter tocado o sino. Embora não entenda completamente como eu tinha chegado ao ponto em que estava, eu tinha persistido por tantos anos que não tive como não persistir. A perseverança se manifestou e fez com que eu prosseguisse. Foi isso que me ajudou a superar cada obstáculo que parecia ser insuperável.

E isso funciona da mesma forma na vida de todos nós. Quando persistimos repetidas vezes, insistindo para obter mais de Jesus, ficamos mais fortes espiritualmente, pois construímos perseverança, um elemento essencial à nossa corrida. *Persistência* é "a capacidade de resistir a dificuldades e adversidades".[62] É a capacidade e a força de resistir em circunstâncias difíceis. É uma força esperançosa que persevera até o fim. No texto grego original do Novo Testamento, a palavra é *hupomone*, uma palavra composta que podemos traduzir como "permanecer sob",[63] é uma qua-

---

62 *Merriam-Webster*, veja verbete "endurance". Disponível em: https://www.merri-am-webster.com/dictionary/endurance.

63 *Vine's Expository Dictionary*, veja verbete "hupomone".

lidade desenvolvida quando permanecemos sob pressão, algo do qual a nossa tendência natural deseja fugir. Todos nós preferimos conforto e facilidade, não? Todos nós queremos fugir quando a pressão é grande demais, não? Eu sei que eu quero, mas a vida traz pressão. Eu não desenvolvi força espiritual fazendo as coisas que eram fáceis para mim, mas superando as coisas que eu acreditava não poder fazer. Foi assim que cresci na fé. Tenho certeza de que foi assim que você também cresceu.

Às vezes, basta lembrarmos a distância que já percorremos para encontrar as forças para percorrer a próxima etapa da nossa corrida. Isso é basicamente o que o autor de Hebreus disse: "Lembrem-se dos primeiros dias, depois que vocês foram iluminados, quando *suportaram muita luta e muito sofrimento*. [...] Por isso, não abram mão da confiança que vocês têm; ela será ricamente recompensada. *Vocês precisam perseverar*" (Hebreus 10:32, 35-36; grifos meus). Só existe uma maneira de desenvolver perseverança, e é persistindo – de novo e de novo.

Imagine como seria legal se perseverança fosse um aplicativo. Não seria maravilhoso se simplesmente pudéssemos abri-lo e pedir perseverança da mesma forma como pedimos todo o resto? Quando precisamos de uma carona, existe um aplicativo para isso. Quando queremos fazer uma reserva num restaurante, existe um aplicativo para isso. Quando queremos comida, um programa de TV ou um filme, notícias, esportes ou a previsão do tempo, existe um aplicativo para isso. Mas não existe aplicativo para perseverança. Eu verifiquei!

Perseverança não é algo que pode ser baixado. É uma qualidade que só pode ser desenvolvida quando perseveramos em algo quando tudo o que queremos fazer é desistir. É uma qualidade que só pode ser desenvolvida por meio de resistência. Acredite, sempre que meu treinador acrescenta mais peso, eu resmungo, mas meus músculos só ficarão mais fortes se eu lutar contra uma resistência maior.

Exceto para alguns pouquíssimos neste mundo, normalmente a vida não acontece como a planejamos. Ela está cheia de contratempos, desafios inesperados, perdas, decepções, luto e tumulto. Se você leu algum dos meus outros livros, deve saber que minha vida foi tudo menos isenta de dor e dificuldade.

COMO EU CHEGUEI ATÉ AQUI?

Eu adoraria dizer que sempre existe um caminho fácil adiante, mas a experiência e as Escrituras nos dizem que, normalmente, esse não é o caso. Vivemos num mundo caído, e provações fazem parte de viver neste mundo. Portanto, teremos problemas; cometeremos erros; vivenciaremos decepções; sofreremos perdas; perderemos o ânimo; desejaremos tocar o sino e desistir. Nós nos encontraremos num lugar em que perguntaremos: *Como eu cheguei até aqui?* Mas se persistirmos e desenvolvermos perseverança, teremos força para não abandonar a nossa corrida. Teremos força para não desistir.

Eu sei que Jesus veio para esta terra completamente divino e completamente humano (Colossenses 2:9; Hebreus 1:3). O termo teológico para esse mistério profundo é *união hipostática*. Embora tenha caminhado nesta terra como nosso Salvador, Ele o fez também como homem, capaz de se familiarizar intimamente com a fragilidade da nossa humanidade. Em outras palavras, Jesus soube na época e sabe agora como é sentir o que nós sentimos. O autor de Hebreus o descreveu desta forma: "Pois não temos um sumo sacerdote que não possa compadecer-se das nossas fraquezas, mas sim alguém que, como nós, passou por todo tipo de tentação, porém, sem pecado" (4:15). Quando Jesus estava na terra, Ele sentiu tudo: luto (João 11:35), tentação (Marcos 1:13), frustração (João 2:15-16), cansaço (Lucas 13:34), rejeição (João 6:66), tristeza (Mateus 26:38), ridicularização (Marcos 15:19), solidão (Mateus 27:46). No entanto Ele perseverou. Da mesma forma como Ele nos chama para fazer tudo ao longo da nossa vida.

- Quando começou, Jesus foi tentado pelo diabo durante 40 dias no deserto, mas perseverou (Marcos 1:13).

- Quando sua própria família não entendeu o que Ele estava fazendo e achou que Ele estava louco, Jesus perseverou (João 7:5).

- Quando seus seguidores começaram a abandoná-lo um após o outro, Jesus perseverou (João 6:66).

- Quando foi desonrado em sua própria cidade natal, Jesus perseverou (Marcos 6:1-6).

- Quando os fariseus espalharam mentiras a seu respeito e os saduceus armaram contra Ele, Jesus perseverou (Lucas 20; João 8).

- Quando Judas, um dos seus amigos mais próximos, o traiu, Jesus perseverou (Mateus 26:14-15; 27:3-5).

- Quando foi processado e condenado, Jesus perseverou (Mateus 26:47-68; 27:11-26).

- Quando foi torturado, Jesus perseverou (Marcos 15:16-32).

Jesus nunca desistiu. Mesmo quando foi crucificado, Ele perseverou. Ele atravessou sua linha de chegada. Cumpriu sua missão. Ele morreu, foi sepultado e ressuscitou dentre os mortos, cumprindo a profecia sobre o Messias (1Coríntios 15:4). Então, assentou-se no céu à direita do Pai (Hebreus 10:12). Se Jesus conseguiu perseverar durante toda a sua corrida, então eu sei que nós também conseguimos, e não só porque Ele se tornou plenamente homem e o mostrou para nós – mas porque o Espírito Santo nos preenche! Estamos repletos do poder para perseverar!

Paulo disse que devemos completar nossa corrida de modo que conquistemos o prêmio, e a única maneira de fazer isso é simplesmente continuar seguindo em frente. Continuar persistindo. Continuar perseverando. Continuar correndo atrás de Jesus – ancorando-nos nele cada vez mais – até a linha de chegada. Somente Jesus é a razão pela qual continuamos persistindo em nossa corrida. Somente Jesus é digno da nossa perseverança. Somente Ele é digno da nossa devoção, fidelidade, louvor e persistência para obter mais dele. Ainda hoje, os anjos que cercam seu trono declaram sua majestade: "Santo, santo, santo é o Senhor, o Deus todo-poderoso, que era, que é e que há de vir" (Apocalipse 4:8). Eles depositam suas coroas diante de seu trono, dizendo: "Tu, Senhor e Deus nosso, és digno de receber a glória, a honra e o poder, porque criaste todas as coisas, e por tua vontade elas existem e foram criadas" (Apocalipse 4:11).

Que dia será aquele em que cruzaremos a linha de chegada e também depositaremos nossa coroa aos pés dele (Tiago 1:12; 1 Pedro 5:4; Apocalipse 3:11)! Por isso, não podemos desistir da nossa corrida. Por isso, não podemos parar de persistir. Por isso, não podemos parar de perseverar. Jesus é aquele que é digno de todo o nosso ser. Ele é o prêmio!

Conclusão

SOEMOS O SINO DA VITÓRIA!

Pois sinos são a voz da igreja;
Seus tons tocam e sondam
O coração de jovens e velhos.

— HENRY WADSWORTH LONGFELLOW

De olhos fechados, com a cabeça levemente suspensa e sentindo os raios de sol no meu rosto, tentei gravar na minha memória o panorama magnífico diante de mim. Eu queria que esse momento e essa vista sobrevivessem para sempre, como uma foto armazenada no meu celular que eu pudesse abrir sempre que precisasse de umas miniférias. Para mim, não existia lugar mais perfeito na terra do que este. As calmas águas azuis do mar Egeu. As manchas de estuque branco agarradas às falésias. As abóbadas dispersas que espelhavam o azul perfeito. E o brilho do pôr do sol que repousava sobre tudo. Sim. Você adivinhou. Era meu lugar preferido no mundo todo. *Santorini*.

Num dos pontos mais elevados da cratera, uns trezentos metros acima do nível do mar, Nick e eu estávamos fazendo a trilha de Oia até Fira, quando me senti compelida a parar e absorver a vista que me roubava o fôlego. Durante anos, desde a nossa lua de mel, costumávamos vir para cá, sempre que passávamos por esta parte do mundo. E nunca nos decepcionamos.

COMO EU CHEGUEI ATÉ AQUI?

Quando eu estava prestes a abrir os olhos para admirar a vista uma última vez, prendi a respiração quando ouvi o som mais majestoso. Um som que eu amava desde a minha infância. Para mim, era um chamado sagrado e o detalhe perfeito que completava nossa linda manhã. Os sinos da igreja estavam tocando. Não só de uma igreja, mas de cada igreja. Eu ouvia as igrejas mais próximas e as mais distantes. Na ilha inteira, em todos os vilarejos. Era como se uma chamasse a outra. Em meio ao toque de todos os sinos, consegui ouvir a melodia dos três sinos de Fira bem aos nossos pés no vilarejo de Firostefani. Os três sinos suspensos no alto da torre suspensa sobre uma falésia com vista para o mar. Embora não soubesse há quanto tempo existiam, a igreja foi construída na primeira década do século 18 e, juntos, os sinos tinham servido a centenas de cristãos. Olhando para elas lá do alto, permaneci um pouco mais para prestar-lhes o respeito que mereciam.

Eu cresci ouvindo os sinos no alto da nossa igreja grega ortodoxa. Acredito que eu estava predestinada a amar os nobres sons dos sinos de uma igreja – seja os toques de um único sino ou de um carrilhão perfeitamente sintonizado. Não importava onde os ouvia, eles sempre me traziam uma sensação de paz. É como se despertassem esperança dentro de mim. Eles agem como um lembrete de que Deus está operando no mundo e de que há pessoas em todos os lugares que o procuram, servem a Ele e respondem ao seu chamado.

O CHAMADO PARA VIR

Durante séculos, os sinos da igreja têm tido um significado profundamente simbólico e, embora a Bíblia não mencione nenhum sino de igreja, sabemos que, no Antigo Testamento, pequenos sinos de ouro pendiam da borda das vestes do sumo sacerdote, que se alternavam com romãs, para que o povo pudesse ouvi-lo no Santo dos Santos – o lugar no templo no qual só o sumo sacerdote podia entrar (Êxodo 28:33-35).

Sabemos também que virá um dia em que Jesus retornará e estabelecerá o reino de Deus na terra. Quando isso acontecer, como profetizou

CONCLUSÃO: SOEMOS O SINO DA VITÓRIA!

o profeta Zacarias, aqueles que se reunirão em torno de Deus estarão em paz com sua criação e um número ainda maior de sinos soará – sinos que declaram sua santidade.[64] "Naquele dia estará inscrito nas sinetas penduradas nos cavalos: 'Separado para o Senhor'. Os caldeirões do templo do Senhor serão tão sagrados quanto as bacias diante do altar" (Zacarias 14:20).

Acho maravilhoso que sinos façam parte do tecido da nossa história. Eles têm sido tocados no mundo inteiro, chamando as pessoas para a oração. Chamando-as para se lembrar. Chamando-as para vir. Desde a Idade Média, eles têm sido tocados para celebrar nascimentos, casamentos e dias sagrados. Não é lindo quando um casal sai da igreja pela primeira vez como marido e mulher e os sinos tocam? Para mim, é a melhor parte da cerimônia.

Os sinos têm sido usados para marcar o início, o meio e o fim de um dia, especialmente quando as pessoas ainda não tinham seus próprios relógios. Em algumas igrejas, os sinos têm sido tocados três vezes ao longo do dia — de manhã, ao meio-dia e à noite – para chamar as pessoas para orar o Pai Nosso. Eles têm sido usados para lamentar os mortos ou para chamar as pessoas para reuniões. Eles têm sido usados para chamar as crianças para a escola ou para anunciar o fim do recreio. Eles têm anunciado a vilarejos inteiros a hora de plantar e a hora de colher. Embora tenham sido silenciados durante a Segunda Guerra Mundial, a Grã-Bretanha tocou os sinos de suas igrejas para alertar a população contra um ataque aéreo e, no fim da guerra, todos os sinos da Europa tocaram contínua e gloriosamente, celebrando a vitória dos aliados.

Ainda hoje, tocamos todos os tipos de sinos por uma série de razões. Para iniciar eventos esportivos ou para celebrar as vitórias. Para incentivar nossas equipes e fazer o máximo de barulho possível. Nunca me esquecerei como os sinos foram tocados durante a pandemia de 2020 para agradecer aos funcionários da área de saúde na linha de frente. Foi

---

64 Andrew Knowles, *The Bible Guide* (Minneapolis: Augsburg Fortress, 2002), p. 394.

uma homenagem comovente num tempo em que não podíamos nos encontrar com eles pessoalmente para agradecer.

Quando entramos numa loja, às vezes, ouvimos tocar um pequeno sino acima da porta, e quando precisamos de ajuda, sabemos que podemos tocar o sino que se encontra no balcão. Até mesmo a Bolsa de Nova York toca um sino para iniciar e encerrar cada dia. Para mim, uma das tradições mais comoventes é quando um paciente oncológico toca o sino no centro de tratamento para celebrar o fato de que foi declarado livre do câncer. É uma tradição que foi iniciada por um comandante da marinha dos Estados Unidos, Irve Le Moyne. Em 1996, ele disse ao seu médico que planejava seguir uma tradição da marinha de tocar um sino para indicar "que o trabalho estava feito". Assim, depois de sua última consulta, ele trouxe um sino de bronze e o tocou várias vezes, e depois doou o sino ao hospital. Mais tarde, ele foi pendurado na parede com a seguinte inscrição:

Toque este sino

Três vezes com força

Para dizer claramente:

Meu tratamento acabou,

Esta corrida foi completada,

E retomo o meu caminho.

Talvez você tenha tido o privilégio de tocar esse tipo de sino; talvez tenha celebrado com um amigo ou membro da família. Que sensação deve ter sido essa "quando o trabalho estava feito"!

No trabalho da A21, sempre que uma pessoa é resgatada do tráfico humano, nossa equipe soa um sino. Em cada um dos escritórios espalhados pelo mundo. Nós aplaudimos, gritamos, cantamos. Celebramos a vitória com o máximo de barulho. É o nosso jeito de dar graças. Os membros da nossa equipe são tão dedicados e trabalham

CONCLUSÃO: SOEMOS O SINO DA VITÓRIA!

tanto que é simplesmente apropriado reconhecer quando seus esforços salvam uma vida.

Certa vez, quando cem membros e estagiários da nossa equipe gritaram e aplaudiram um resgate no nosso prédio comercial na Califórnia, um dos nossos membros foi parado no andar de baixo. Alguém que trabalha no escritório embaixo do nosso quis saber por que nós fazíamos tanto barulho de vez em quando. Era uma pergunta legítima. Quando o membro da nossa equipe explicou o motivo, aquele escritório passou a se juntar a nós – sempre que nos ouvem tocar o sino, eles celebram conosco. Não tenho palavras para descrever como isso nos anima. Acreditamos que devemos ser sal e luz e fazer uma diferença neste mundo, e agora os nossos vizinhos celebram conosco. Que presente!

Na minha vida, tocar sinos tem se tornado cada vez mais importante. Sou grata pelo fato de que, quando eu estava à deriva, quando não sabia se eu conseguiria continuar no caminho que havia trilhado desde sempre, quando quis tocar o sino da derrota, Deus não me permitiu. Em vez disso, em sua grande misericórdia, Ele me ajudou a ancorar minha alma cada vez mais nele para que eu pudesse continuar a tocar os sinos da vitória em todos os lugares para os quais Deus me chama.

Quero tocar os sinos da salvação e da liberdade. Quero tocar os sinos da fé, da esperança e do amor. Quero tocar os sinos da bondade, da ternura e da gentileza. Quero tocar os sinos da paciência, da fidelidade e da confiança. Quero tocar os sinos da misericórdia e do perdão, da cura e da libertação. Quero tocar os sinos da graça, da reconciliação e da restauração. Quero tocar os sinos da verdade e da justiça. Quero continuar tocando cada um dos sinos do evangelho porque...

- Jesus vive;
- Jesus salva;
- Jesus cura;
- Jesus redime;
- Jesus restaura;
- Jesus reconcilia;

COMO EU CHEGUEI ATÉ AQUI?

- Jesus é bom;
- Jesus faz o bem;
- Jesus é santo;
- Jesus é justo;
- Jesus é misericordioso;
- Jesus é digno.

Até Jesus voltar, Ele quer que continuemos tocando os sinos da vitória. Na minha idade, na segunda metade da minha vida, sei que tocar os sinos que Deus me chamou para tocar exigirá mais riscos. Exigirá mais fé. Mas estou disposta e correrei atrás disso. Não fomos criados para uma vida segura, entediante, confortável e previsível. Fomos criados e transformados para assumir riscos – pessoas que vivem pela fé, caminham pela fé e saem para o mundo para compartilhar a fé. Assim, continuo fiel à missão, promovendo a missão de Deus na terra. Quero cumprir todos os propósitos, planos e boas obras que Deus tem para mim. Quero ajudar a colher almas. Quero que minhas filhas – tanto biológicas como espirituais – vejam que Jesus é digno de tudo isso. Quero fazer justiça onde vejo injustiça. Quero glorificar a Deus da melhor maneira possível.

> **Sei que tocar os sinos que Deus me chamou para tocar exigirá mais riscos. Exigirá mais fé. Mas estou disposta e correrei atrás disso.**

Será difícil?

Sim.

Será doloroso?

Sim.

Valerá a pena?

Sempre.

Sei que não estou sozinha. E você também não está. O tempo urge, e eu estou pronta. Depois de tudo o que vivi, depois de todas as maneiras em que fiquei à deriva e fui tentada a me deixar levar, sei que, agora, estou ancorada em Cristo mais do que nunca. Estou certa da força da âncora para me segurar neste mundo que muda tão rapidamente, a despeito das correntes, dos ventos e das ondas. Jesus se mostrou fiel, forte e confiável inúmeras vezes. Jesus é aquele que me segura e é aquele que impedirá que eu desista. Estou pronta para tocar cada sino que glorifica a Deus e celebra sua vitória.

AGRADECIMENTOS

É preciso uma equipe para ajudar um autor dar à luz uma visão. Sou muito grata a Deus por todos que se envolveram neste projeto do início ao fim.

Meu marido Nick: obrigada por me ajudar a continuar e não tocar o sino. Só você e Jesus sabem quão próxima eu estava de fazê-lo. Ninguém acreditou em mim, me encorajou, me carregou e me incentivou mais do que você. Depois de 25 anos juntos, sinto-me como se estivéssemos apenas começando.

Minhas filhas Catherine e Sophia: sou extremamente grata por Deus me ter escolhido como mãe de vocês. Vocês são o deleite absoluto da minha vida. Obrigada por seu apoio e paciência mais uma vez durante o processo de redação deste livro. Essa vez foi mais difícil porque estamos todos juntos em quarentena e a ilha na cozinha era minha escrivaninha, que impediu que vocês abrissem a geladeira inúmeras vezes durante o dia. Vocês transformaram em diversão o que deveria ter sido estressante e até me contaram algumas de suas histórias. Amo as duas de todo o coração.

Elizabeth Prestwood: Ninguém conhece melhor tudo que eu já ensinei e disse do que você. Você me encoraja a ir mais fundo e me ajuda a expressar melhor os meus pensamentos. Ter você do meu lado como autora colaboradora, ajudando-me a sustentar o projeto e trazer as histórias à vida, faz toda a diferença. Por causa de você, este livro é melhor.

COMO EU CHEGUEI ATÉ AQUI?

Lysa TerKeurst: Eu nunca poderia agradecer-lhe o suficiente por acompanhar nossa equipe em sua experiência de treinamento COMPEL. Este livro não seria o que é se você não tivesse nos ajudado. Eu amo você muito, minha amiga. Obrigada por me encorajar a ser melhor.

Rebekah Layton: Obrigada por revisar cada capítulo inúmeras vezes. Você ofereceu muita sabedoria e fez sugestões maravilhosas. Você é tudo para mim e aprecio profundamente a sua dedicação a esta mensagem.

Rosilyn, Katie, Emily, Jess, Natalie, Mi Yung, Noah, Andrea e Rhiannon: obrigada por compartilharem generosamente as suas histórias e por permitirem que suas experiências inspirem todos nós.

Tim Paulson, Jamie Lockard, Jessica Wong, Brigitta Nortker, Whitney Bak, Stephanie Tresner, Kristen Golden, Claire Drake, Sara Broun e toda a equipe da Thomas Nelson: obrigada por me acolherem na família de braços abertos. Vocês doaram seu coração e sua alma para este projeto grande paixão e entusiasmo. Jessica, você é a melhor editora do mundo e suas sugestões ajudaram a fortalecer este trabalho. Sou extremamente grata por cada um de vocês.

Matt Yates: obrigada por acreditar nesta mensagem e me ajudar a ter sonhos maiores e ter um alcance maior. Você tem sido um presente enorme para mim e para Nick. Somos gratos por você estar no nosso mundo.

Nossas equipes da A21, Propel Women, ZOE Church, Equip and Empower, nossos voluntários, parceiros e apoiadores: servir a Jesus com vocês é o maior privilégio e honra da minha vida. Sou especialmente grata a Ashley Ziegler e Katie Strandlund, que trabalharam incansavelmente para garantir que todas as peças do quebra-cabeça se encaixassem. Amo muito todos vocês.

Meu Senhor e Salvador Jesus Cristo: Tu és esta esperança que tenho, como âncora da minha vida.

MEU TESTEMUNHO

(Registre aqui como você encontrou o caminho de volta para Deus quando tudo parecia perdido)

Sua opinião é importante para nós.
Por gentileza, envie-nos seus comentários pelo e-mail

editorial@hagnos.com.br

Visite nosso site:

www.hagnos.com.br